Susanne Erichsen
Ein Nerz und eine Krone

Susanne Erichsen
zusammen mit Dorothée Hansen

Ein Nerz
und eine Krone

Die Lebenserinnerungen
des deutschen Fräuleinwunders

Econ

Econ Verlag
Econ ist ein Verlag des Verlagshauses
Ullstein Heyne List GmbH & Co. KG

1. Auflage 2003

ISBN 3-430-12547-2

© 2003 by Ullstein Heyne List GmbH & Co. KG, München
Herstellung: Helga Schörnig
Gesetzt aus der Sabon bei Franzis print & media GmbH, München
Druck und Bindearbeiten: Ebner & Spiegel, Ulm
Printed in Germany
Alle Rechte vorbehalten

I *Miss Germany*

Es klopfte. Durch den Türspalt schob sich der Kopf des Inspizienten. Auf seiner Stirn glänzte ein Film feiner Schweißperlen, den er sich nervös mit einem großen Taschentuch abtupfte.

»Meine Damen, halten Sie sich bereit. Wir sind gleich so weit!«

Und schon war er zur nächsten Garderobe verschwunden. Wie auf Befehl wandten sich die vier jungen Frauen, mit denen ich den Raum teilte, wieder ihren Spiegelbildern zu. Auch ich warf einen letzten prüfenden Blick auf mein Äußeres. Ich konnte zufrieden sein. Das Make-up war dem Anlass entsprechend festlich, die Haare saßen ganz ausgezeichnet. Der Friseur hatte wirklich gute Arbeit geleistet. Der eng anliegende weiße Badeanzug brachte meine schmale Taille, die hart erkämpfte, hervorragend zur Geltung und schmeichelte meiner vom Sommer noch leicht gebräunten Haut. An den Füßen trug ich hohe Riemchenpumps, die meine von Natur aus langen Beine optisch noch ein wenig verlängerten. Der Wettkampf konnte beginnen. Ich war vorbereitet.

Um mich herum flirrte die Luft vor Nervosität. Viele der Mädchen hatten in diesen Abend große Hoffnungen gesetzt, Hoffnungen auf ein schöneres Leben jenseits von Kochtopf, Büro und Nachkriegsmief. Leise schlich ich mich zur Bühne und riskierte einen Blick durch die Kulissen. Der Gartensaal im Kurhaus Baden-Baden war in dezentes Licht getaucht. Inzwischen hatten sich die Plätze gefüllt mit festlich gekleideten Gästen, die erwartungsvoll auf die noch leere Bühne schauten und sich bei leiser Musik angeregt unterhielten. Der Saal roch nach Wohlstand, nach teuren Zigarren und guten Parfums. Dieser 2. September 1950 war nicht irgendein Abend, keine gewöhnliche Modenschau, das wurde mir schlagartig bewusst. An diesem Abend sollte die erste Miss Germany der Nachkriegszeit gewählt werden, die schönste Frau der jungen, kaum ein Jahr alten Bundesrepublik. Und sie würde ihr Land international vertreten dürfen. Eine Eintrittskarte in die große Welt. Nun wurde auch ich nervös.

Dabei hatte alles so harmlos angefangen. Im Frühsommer desselben Jahres war ich mit meinem Verlobten Krafft von Horn und einigen Freunden zu meinem ersten Urlaub nach Sylt gefahren. Ich war wie verzaubert von dieser schönen Insel, der ich bis heute die Treue halte. Urlaub, so etwas Exklusives hatte ich mir bis dahin nicht häufig leisten können. Raus aus dem hektischen Berlin, weg von den Anproben, dem Termindruck, stattdessen Sonne, Strand und Nordsee. Lange einsame Spaziergänge in herrlicher Seeluft, die so hungrig macht. Im Überschwang der Urlaubslaune hatte ich sogar das eine oder andere Mal Diät Diät sein lassen. Wir amüsierten uns in vollen Zügen. An den Abenden trafen wir uns immer in einer neuen Kneipe, denn wir wollten alles kennen lernen. Und so landeten wir eines Tages in einer Veranstaltung ganz besonderer Art. Man suchte die Miss Schleswig-Holstein.

Jede Menge Mädchen und junger Frauen hatten sich dort versammelt. Große, kleine, schlanke und wohl proportionierte, alles war vertreten und jede hoffte auf den Titel.

Ich beobachtete das Spektakel erleichtert und auch etwas mitfühlend. Wie gut konnte ich mich in die aufgeregten Mädchenherzen einfühlen. Die ersten Schritte vor kritischem Publikum sind immer unerträglich, da helfen auch viele Proben nichts. Jede ist doch selbst die schärfste Kritikerin. Wie gut hatte ich es dagegen. Ich konnte mich einfach zurücklehnen und mit meinen Freunden Spaß haben. Plötzlich meinte einer von ihnen: »Na, Suse, wie wär's. Willst du nicht mitlaufen?« Was für eine absurde Idee, ich als Berlinerin sollte mich um den Titel einer Miss Schleswig-Holstein bewerben! Da konnte ich nur mitleidig lächeln. Krafftchen allerdings war hellauf begeistert.

»Klar doch, da machste auf alle Fälle mit. Ist doch 'en Riesenspaß. Suse und die Miss-Wahl. Man, guck doch nicht so wie 'ne saure Gurke. Gib dir 'nen Ruck und sei kein Spielverderber!«

Das hatte mir noch gefehlt, Ferien und eine Miss-Wahl, doch meine Freunde wollten nicht nachgeben und irgendwann ließ ich mich breitschlagen. Ich hatte ja auch nichts zu verlieren. Eine kleine Miss-Wahl und das war es. Dachte ich zumindest. Ich ließ mich also aufstellen, lief in meinem trägerlosen Cocktailkleid die vorgeschriebene Runde, präsentierte mich von meiner besten Seite und hatte plötzlich riesigen Spaß an der Sache. Meine Freunde unterstützten mich aus Leibeskräften. Sie klatschten und jubelten, wir hatten schließlich vorher schon ein paar Gläschen getrunken. Wir waren jung, hatten Urlaub und unendlich viel nachzuholen. Doch plötzlich wurde aus der Urlaubslaune eine ernste Angelegenheit, denn am Ende des Abends entschieden Jury und das Publikum: »Miss Schleswig-Holstein 1950 heißt Susanne Erichsen!«

Erst allmählich wurde mir klar, ich hatte nicht an irgendeinem kleinen Wettbewerb teilgenommen, wie es sie auch damals schon öfter gab. Ich war nicht einfach eine kleine Regionalprinzessin, die schönste Frau des nördlichsten Bundeslandes. Weit gefehlt, ich hatte mich bei einer Vorentscheidung behauptet, aber das Wichtigste stand mir noch bevor, denn neben der Siegerprämie des Abends erhielt ich die Möglichkeit, aber auch die Verpflichtung, meinen Titel bei der Endausscheidung in Baden-Baden zu verteidigen.

So kam ich in den Gartensaal des Kurhauses. Heute können wir uns die Aufregung, die mit dieser ersten Miss-Wahl verbunden war, kaum noch vorstellen. Doch fünf Jahre nach dem verheerenden Krieg war sie das gesellschaftliche Ereignis. Not und Elend schienen langsam der Vergangenheit anzugehören. Man konnte endlich wieder leben, sich ab und zu etwas gönnen. Seit 1948 waren die Läden wieder gefüllt. Wer Geld hatte, konnte sich beinahe alles kaufen. Für mich waren es vielleicht die schönsten und lustigsten Jahre überhaupt. Sie hatten mir nie gedachte Chancen geboten, die ich geistesgegenwärtig ergriffen hatte. Als ich 1947 abgerissen, verlaust und mit Hungerödemen überzogen aus der Sowjetunion nach Hause zurückkam, hätte niemand – und schon gar nicht ich – sich vorstellen können, dass ich nur drei Jahre später an einer Schönheitskonkurrenz teilnehmen würde. Und dennoch stand ich hier. Ich war kein Einzelfall. In diesen Jahren entwickelten sich wahre Bilderbuchkarrieren, die auch jenen Hoffnung machten, denen es schlechter ging.

Der Traum vom besseren Leben beflügelte an diesem

denkwürdigen 2. September 1950 sicherlich jeden im Gartensaal des Kurhauses, die Gäste aus Politik und Wirtschaft, die Presse und die jungen Konkurrentinnen auf der Bühne. Ein Millionenpublikum war via Wochenschau zugeschaltet. Ich hatte also allen Grund nervös zu sein.

An die eigentliche Konkurrenz habe ich nur noch sehr undeutliche Erinnerungen. Trotz meiner Laufstegerfahrungen war ich anfangs etwas verkrampft. Als jedoch das Wohlwollen des Publikums wie eine warme Welle zu mir auf die Bühne schwappte, löste sich meine Anspannung und ich fand wieder zu mir selbst. Und dann kam die Entscheidung, die den Abend mit einem Eklat enden ließ. Eine überwältigende Mehrheit des Publikums hatte für mich gestimmt.

In der siebenköpfigen Jury dagegen sah es anders aus. Nur zwei der Richter unterstützten mich. Die übrigen fünf wollten mir den Titel verwehren, weil ich schon einmal verheiratet gewesen war und das Regelwerk der Miss-Wahlen nur unverheiratete »Fräulein« als Teilnehmerinnen vorsah. Verheiratet! In meinen Ohren klang dieser »Vorwurf« wie ein schlechter Witz. Vier Stunden Normalität und zwei Jahre unendliches Leid hatte mir diese Ehe gebracht. Doch woher sollten ausgerechnet die Richter einer Schönheitskonkurrenz davon wissen? Es folgten nervenaufreibende Gespräche mit der Jury. Meine so genannte Ehe war zwei Jahre zuvor von einem Berliner Gericht annulliert worden, nicht zuletzt auf Betreiben meiner Eltern, weil ich als damals Minderjährige den Bund ohne ihr Einverständnis eingegangen war. Die Urkunde über diesen Vorgang hatte ich natürlich nicht bei mir. Wer schleppt solche Dokumente schon Tag für Tag mit sich herum? Irgendwie ist es mir dann doch gelungen, die Richter zu überzeugen. Und so verließen zwar meine »Gegner« unter Protest den Saal, aber ich konnte am Ende eines langen Abends überglücklich den Titel entgegennehmen. Ich war Miss Germany. Die kleine Suse aus Berlin/Steglitz war die schönste Frau des Jahres 1950. In schwarzrotgoldener Schärpe, geschmückt mit einem glitzernden Krönchen und einer Nerzstola, dazu ein Strauß Rosen im Arm, so stand ich auf der Bühne und badete geradezu in den Ovationen des Publikums. Die Pressefotografen rissen sich darum, mich auf Film zu bannen. Die schreibende Zunft bedrängte mich mit Fragen. Jeder wollte mich beglückwünschen. Es war einfach überwältigend.

Inmitten dieses Trubels und auch in den Tagen oder Wochen danach ist mir nicht bewusst geworden, was dieser Sieg tatsächlich für mein Leben bedeutete. Ich hatte nicht nur einen Titel gewonnen. Der Zufall hatte mich zur Ersten in einer langen Reihe von Titelträgerinnen gemacht und mein Bild im Bewusstsein von Millionen von Menschen verankert – zu einer Zeit, als sich jeder nach neuen Idolen sehnte. Für Jahre war meine Person eng mit dem Titel verknüpft, und auch heute noch werde ich mitunter gefragt: »Susanne Erichsen? Sagen Sie, sind Sie nicht diese ehemalige Miss Germany?«

2 Kinderjahre mit zwei Vätern

»Wie kommt denn das Chinesenkind in diese Familie? Ach, Jottchen, kiek mal, doppelte Ohrläppchen hat se och noch!«

Die dicke Hebamme, die am vorletzten Tag des Jahres 1925 so viele Stunden geduldig auf mein Erscheinen gewartet hatte, konnte sich nicht beruhigen.

»So 'ne Kleene is ma lange nich unterjekommen. Schön isse ja nich, aba det wird.«

Wie zum Trost tätschelte sie meiner Mutter die Wange und verließ das Zimmer, um den frisch gebackenen Vater über mein Erscheinen zu unterrichten. Meine erschöpfte Mutter hielt mich im Arm und war glücklich. Für sie war ich schön, etwas dunkel und exotisch vielleicht, aber ansonsten ein sehr gelungenes Baby. Vater dagegen sah nur einen ziemlich rot angelaufenen, leicht zerknautschten Säugling und war froh, dass die Hektik der Geburt endlich vorüber war. Noch ein paar Stunden länger und die Familie hätte über den Jahreswechsel keinen Kaffee mehr gehabt. Etwas verlegen und hilflos stand er im Wöchnerinnenzimmer, bis ihn die Hebamme sanft aber bestimmt aus dem Raum drängte. Erleichtert entschuldigte er sich und kehrte zu seinen Partituren zurück. Er musste üben.

17

Permanente Proben und Auftritte beherrschten sein und damit unser gemeinsames Leben, denn mein Vater war von Beruf Opernsänger und die Bühne war sein eigentliches Zuhause.

Das Berlin, in das ich geboren wurde, war 1925 ein Eldorado für die Kunst und erlebte einen kulturellen Aufschwung, der Menschen aus aller Welt inspirierte. Schauspieler, Sänger, Musiker, aber auch Wissenschaftler und Schriftsteller, alle zog diese Stadt magisch an. Jeder wollte dort sein Glück machen und die Hauptstadt hatte einen großen Bedarf, besonders im Bereich der darstellenden Kunst. Unzählige Bühnen und Kabaretts suchten ständig neue Talente, neue Gesichter, um die Räder des hektischen Theater- und Amüsierbetriebs in Bewegung zu halten. Doch nur wenige haben es bis ganz an die Spitze geschafft. Den meisten erging es wie meinem Vater. Er hetzte von Engagement zu Engagement, immer in der Hoffnung auf den ganz großen Durchbruch, der aber hartnäckig auf sich warten ließ. Ein unsicheres Leben in nicht sehr sicheren Zeiten. Kaum zwei Jahre waren vergangen, seit man ein Brot nicht mit Pfennigen, sondern mit Millionen von Mark hatte bezahlen müssen. Dann kamen die Währungsreform und Hilfe aus dem Ausland, sodass sich die wirtschaftliche Situation zum Zeitpunkt meiner Geburt einigermaßen beruhigt hatte. Berlin putzte seine Fassaden. Die Spuren von Not und Verelendung verschwanden langsam. Auch für die Leute mit dem kleinen Geldbeutel ging es wieder aufwärts. Bei »Clärchens Witwenball« oder Bockbierfesten drängte man sich auf harten Bänken und amüsierte sich wie Bolle. Im Frühling strömten die Menschenmassen zur Baumblüte nach Werder hinaus und beschlossen die Sonntage in kleinen Gartenrestaurants.

Krieg und Nachkriegszeit waren vergessen. Man genoss das neue Leben und dachte nicht an das Morgen.

Auch meine Eltern oder besser gesagt mein Vater hatten keine großen Zukunftspläne. Er wollte einfach mitmachen, teilhaben an dem neuen Aufschwung, mit seinem Liebchen leben ohne Beeinträchtigung seiner Freiheit. Doch dann kam ich und mit mir kamen Kinderwindeln und Geschrei, wirtschaftliche Verpflichtungen, Sorgen und Gebundenheit. Für meine Mama war der Wechsel aus dem kurzen, verrückten Eheleben in das geregelte Mutterdasein kein eigentliches Problem. Sie stammte aus einem einfachen bürgerlichen Haus ohne große künstlerische Ambitionen. Ihre Eltern und Verwandten waren Kaufleute, deren Leben in ruhigen Bahnen verlief. Der einzige, alle erschütternde Familienskandal ereignete sich, als ein Onkel sein ganzes Geld auf der Rennbahn verwettet hatte. Wie viele Mädchen aus ähnlichen Verhältnissen hatte Mama nach der Schule als kaufmännische Angestellte gearbeitet, bis sie der Zufall auf einen gut aussehenden, dunkelhaarigen jungen Mann mit lebhaften Augen und großem Charme treffen ließ. Beinahe augenblicklich verliebte sie sich in meinen Vater, in seine Lebensfreude und seinen Leichtsinn, der so anders war als alles, was sie bis dahin kennen gelernt hatte. So begann eine heftige Liaison, die von beiden Familien mit Argwohn betrachtet wurde.

Vater stammte aus einer Künstlerfamilie. Seine Mutter war Schauspielerin, die bis ins hohe Alter der Bühne verbunden blieb. Sie hatte das Talent ihres Sohnes entdeckt und seine musikalische Ausbildung mit großem Ehrgeiz gefördert. Ihr Sohn sollte und wollte auf die Bretter, die die Welt bedeuten, und er sollte Erfolg haben. Da konnte eine Bindung nur hinderlich sein. Immer wieder hatte sie versucht, ihm die Beziehung auszureden, doch mein Vater hatte sich in den Kopf gesetzt, dieses schöne Mädchen oder keines. Er war fasziniert von ihrer Stetigkeit, ihrer Geradlinigkeit und ihrer Opferbereitschaft. Seine junge Frau konnte ihm geben, was er in seiner Kindheit und Jugend nie gekannt hatte: ein geregeltes Familienleben.

Allerdings war die Freude daran nur von kurzer Dauer. Als ich auf die Welt kam, zog ich naturgemäß einen großen Teil der Aufmerksamkeit und Hingabe, über die er so eifersüchtig wachte, auf mich. Zunächst war er befremdet, dann ärgerlich und am Ende gleichgültig. Tief in seinem Innern war mein Vater ein Schauspieler und die Rolle des Liebhabers lag ihm entschieden mehr als die des Familienvaters. Er inszenierte das Familienleben. Wenn wir an Sonntagen zu Spaziergängen in den Steglitzer Park aufbrachen, platzte ich vor Stolz. Ich liebte diesen großen, geheimnisvollen Mann, der sich in Sekundenschnelle von einem geistesabwesenden Eigenbrötler in einen überschäumenden Spielkameraden verwandeln konnte. An guten Tagen jagte er mit mir durch den Park, nannte mich seinen Kletteraffen und war immer zu lustigen Späßen aufgelegt. Einmal ließ er mich auf der Rückenlehne einer Parkbank balancieren. Meine ängstliche Mutter versuchte, mich zurückzureißen, ich war schließlich kaum drei Jahre alt. Vaters Optimismus allerdings war stärker. »Meine Tochter kann das!« Konnte sie natürlich nicht. Ich fiel also auf den steinigen Untergrund, kopfüber. Stirn und Nase waren zerschrammt und bluteten. Es tat höllisch weh, aber ich weinte nicht, wohl um ihn nicht zu enttäuschen. Auf seine Frage, ob alles heil wäre, soll ich mit einem unterdrückten Schluchzer geantwortet haben: »Ja, nur ein Häppchen weinen!«

Immer versuchte ich, tapfer zu sein, in dem Glauben, meinen Vater damit an mich binden zu können. Doch schon bald begann die Zeit, in der er immer häufiger abwesend war. Entweder spielte er oder er probte. Während der Theaterferien im Sommer zog es ihn in die Provinz, an kleine Festspielorte, überall dorthin, wo man ihn brauchte und er ein gutes Leben führen konnte. Wenn er ausnahmsweise wieder einmal zu uns zurückgekehrt war, gab er sich mürrisch und abweisend.

»Still, Vater braucht seine Ruhe!« –, diese Mahnung meiner Mutter begleitete mich dann durch die Tage. Dabei war es so schwierig, still zu sein. Zu gern wäre ich in sein Zimmer geschlüpft, hätte mich an ihn gekuschelt und durchkitzeln lassen. Stattdessen hockte ich am Küchenfenster und horchte auf den Lärm, der vom Hof zu uns heraufdrang, lauschte auf das ewige Teppichklopfen, das Lachen der Kinder, während sie Seil hüpften oder Fangen spielten, auf Küchenlieder, die leise zu mir hinaufwehten und mich so schrecklich traurig machten.

Wenn ich es vor Langeweile kaum noch aushielt, schlich ich mich ins gute Zimmer, setzte mich auf den Boden und betrachtete die Tapete. Sie hatte ein hässliches Muster aus Bäumen – verlaufendes Schwarz auf weißem Grund –, was mich stets aufs Neue mit Schaudern und Angstträumen erfüllte. Nachdem ich eine Weile darauf gestarrt hatte, wurde die Tapete plötzlich lebendig. Viele Gnome und Ungeheuer, Wesen aus einer anderen Welt, tanzten die Wand entlang. Mitunter stürzten sie sogar auf mich, ein schaurig-schönes Erlebnis, dem ich so lange standhielt, bis mich die Angst packte. Dann kniff ich die Augen fest zu, stopfte meine kleine Faust in den Mund, um nicht aufzuschreien, verharrte so für einige Sekunden und – wie durch ein Wunder waren die kleinen Kreaturen in den Tapetenwald zurückgekehrt, wenn ich die Augen wieder öffnete.

Eines Morgens, es muss wohl im Herbst vor meinem vierten Geburtstag gewesen sein, kroch ich aus dem Bett und die Wohnung war wie ausgestorben. Auch Rufen und Weinen halfen nicht. Nichts regte sich um mich her, der große Ofen in der Küche war ausgegangen und ich fühlte, wie die Angst langsam an mir hochkroch. Ich war allein. Meine Eltern waren einfach aus meinem Leben gegangen. Es konnte nicht anders sein. Niemals zuvor hatte Mutter das Feuer im Küchenofen vergessen. Sie hatten mich einfach zurückgelassen. Die Tränen liefen in Strömen. Panisch rannte ich durch die Wohnung, die nicht sehr groß war, doch in meiner Not unendlich schien. Da die Griffe weit oben an den Türen angebracht waren, musste ich mir erst mühsam einen Stuhl herbeiziehen, um die Tür zum Schlafzimmer meiner Eltern öffnen zu können – ein Tabubruch, den ich bis dahin noch nie begangen hatte, denn das Schlafzimmer meiner Eltern war heilig und durfte von mir nur in Begleitung betreten werden. Leise weinend stürzte ich auf das wuchtige Ehebett aus dunklem Holz, in dessen einer Hälfte meine Mutter wie tot lag. Vorsichtig tastete meine kleine Hand nach der ihren. Sie lebte, aber sie rührte sich nicht, lag einfach in ihren Kleidern auf dem Plumeau und starrte an die Decke. Ich zog und zerrte an ihr, keine Reaktion. Irgendwann, nachdem ich bitterlich weinend neben ihrem Bett zusammengesunken war, erhob sie sich, noch immer totenbleich, zog mich an sich und sagte nur: »Dann werden wir wohl Feuer machen müssen!« Das war der Tag, an dem mein Vater uns für immer verlassen hatte.

Er hätte sich keinen schlechteren Zeitpunkt aussuchen können als den Herbst 1929, in dem er uns mittellos zurückließ. Alle Hoffnung auf eine dauerhafte Stabilisierung des Daseins wurde damals nicht nur für unser kleines privates Leben zunichte gemacht, sondern durch die Weltwirtschaftskrise auch für das gesamte Deutsche Reich. Als am 25. Oktober 1929, dem berühmten »Schwarzen Freitag«, die New Yorker Börse zusammenbrach, wurde mit einem Schlag offensichtlich, auf welch dünnem Eis wir alle gelebt hatten. Von einem Tag auf den anderen begann eine wirtschaftliche Talfahrt, die in die Massenarbeitslosigkeit und zu Produktionsstillegungen führte. Plötzlich war das Leben in den Straßen nicht mehr so vergnügt und elegant. Statt teuren Tuchs und feiner Pelze sah man mehr und mehr Menschen, die Schilder mit sich trugen: »Ich nehme jede Arbeit!« Auch gab es wieder Schlangen vor den Geschäften und besonders vor den Suppenküchen der Kirchen und Wohlfahrtsorganisationen.

Und mittendrin meine Mutter, die morgens mit mir durch die Straßen zu ihrem kleinen Laden in der Linkstraße Berlin-Mitte hetzte, wo sie mit geliehenem Geld und viel Elan ein Geschäft für Gesundheitsschuhe eröffnet hatte. Die vielen Widerstände konnten meine tapfere Mutter als Alleinstehende nicht entmutigen, im Gegenteil, sie schienen sie zu stimulieren.

So hockten wir Tag für Tag inmitten von Schuhkartons und warteten auf Kunden, die sich nur selten in unseren Laden verirrten. Schuhe waren schon immer teuer gewesen. Jetzt allerdings waren sie für die meisten zu unerschwinglichen Luxusartikeln geworden und diejenigen, die über genügend Geld verfügten, waren nicht an gesundem, sondern an elegantem Schuhwerk interessiert. Die

Schulden wuchsen unaufhaltsam und nach nur wenigen Monaten musste Mutter das Geschäft aufgeben.

Es folgten bange Wochen, in denen Mama mich immer wieder bei Freundinnen ablieferte, um sich mit potenziellen Geldgebern zu treffen. Mittellos wie sie war, wollte sie ein Café eröffnen, ein schier aussichtsloses Unterfangen, an dem sie mit Zähigkeit und unbändiger Willenskraft festhielt. Und dann, als sie schon nahe dran war, ihren Plan fallen zu lassen, traf sie auf den Besitzer eines Hauses in der Kantstraße, einen wohlhabenden Mann, der es sich leisten konnte, an sie zu glauben, und ihr die Räume für das Café zu unheimlich günstigen Konditionen überließ. Von da an begaben wir uns täglich in die Kantstraße, eine ziemliche Reise von Steglitz aus, mit der S-Bahn und per pedes. Wenn wir dann auf unserem Weg den immer noch eleganten Kurfürstendamm entlangstreiften, zog es mich magisch zu jener Glitzerwelt, in die mich mein Vater ab und an mitgenommen hatte.

Trotz aller Not und Unruhe waren die Jahre, die ich mit meiner Mutter nach der Scheidung allein lebte, eine glückliche Zeit für mich. Ich gewöhnte mich daran, Mama ganz für mich zu haben, ihre einzige Vertraute zu sein. Wenn wir abends müde aus dem Geschäft und später aus dem Café nach Hause fuhren, freute ich mich schon auf das Zubettgehen, das wir wie ein Ritual zelebrierten. Dann las sie mir Geschichten vor, sang mir ein Schlaflied und wartete an meinem Bett, bis ich eingeschlafen war. Sie war eine liebevolle, aber auch strenge Erzieherin, die mich mit vielen Ge- und Verboten zu reglementieren versuchte. Wie jedes Kind habe natürlich auch ich es immer wieder verstanden, diese heimlich zu umgehen, habe Zucker und Rosinen aus der Speisekammer stibitzt, mich aus der Wohnung gestohlen, um auf eigene Streifzüge zu gehen, Erwachsenenbücher angeschaut oder das Innenleben meiner Lieblingspuppe untersucht. Das größte von allen Verboten aber, die damals mein kleines Leben beherrschten, habe ich instinktiv immer beherzigt: Fragen zu stellen, die meinen Vater betrafen. Er war aus meinem Dasein entschwunden, als hätte es ihn niemals gegeben, und Mama machte keine Anstalten, ihn je wieder erstehen zu lassen. So verblasste die Erinnerung allmählich und ich war nicht traurig drum, ich hatte ja Mama.

Ungefähr zwei Jahre nachdem meine Mutter ihr erstes Geschäft eröffnet hatte, begann sie sich zu verändern. Es fing damit an, dass unser abendliches Ritual verkürzt wurde, nicht jeden Tag, aber ein- oder zweimal in der Woche. Dann wurde ich hastig gewaschen und mit dem Satz »Du bist doch nun schon ein großes Mädchen!« und einem dicken Kuss zu Bett gebracht, ohne Geschichte oder Schlaflied. Und wenn sie das Zimmer verlassen hatte, blieb ein Knistern, eine flirrende Nervosität zurück, die völlig unerklärlich für mich war.

Auch an den Mittagen im Café verfiel sie immer häufiger in diesen aufgeregten Zustand, den ich mit zunehmendem Misstrauen beäugte. Gegen ein Uhr rannte sie vor den kleinen Spiegel in unserem Hinterzimmer, kniff sich in die Wangen und fuhr mit einem Kamm durch die Haare. Dann richtete sie ihre weiße Schürze mit den vielen Rüschen, atmete tief durch, um sich gleich darauf mit einem strahlenden Lächeln den Gästen zuzuwenden. Es strahlte besonders bei einem Kunden, der mit großer Regelmäßigkeit sein Mittagessen bei uns einnahm. Ich wurde neugierig und etwas eifersüchtig. Niemals zuvor hatte ich meine

Mutter so aufgeregt gesehen. Ich rebellierte, würdigte den Mann, der Fritz hieß, keines Blickes, war stumm wie eine Auster, wenn er sich mit mir unterhalten wollte, verschmähte sogar die Zuckerstange, die er mir eines Tages unter die Nase hielt, auch wenn es schwer fiel.

Und Mutter? In ihrer Verliebtheit schien sie meine verzweifelten Kämpfe um ihre alleinige Zuwendung überhaupt nicht zu bemerken. Ich war von meinem Thron gestoßen und durchlebte die zweite große Krise als Tochter. Ich fühlte mich allein und ausgegrenzt. Mama hatte plötzlich eine eigene Welt, in der mir der Zutritt nur bedingt erlaubt war. Diese Verletzung meiner kindlichen Allmacht habe ich dem Eindringling Fritz Lenz, der bald darauf mein Stiefvater wurde, niemals richtig verzeihen können. Später habe ich ihn gemocht und respektiert, manches an ihm sogar bewundert, aber richtig geliebt habe ich ihn nie. Er hatte mich zur Außenseiterin gemacht, eine Rolle, die ich mit den Jahren kultiviert habe. In dieser neuen Familie wurde ich niemals heimisch. Ich hatte immer geahnt, dass ich nicht ganz so wie die anderen war, und jetzt sonderte ich mich noch weiter von ihnen ab. Zuerst war die Einsamkeit neben den beiden Verliebten schier unerträglich, aber nach einer Weile gehörte sie zu mir und machte mich selbständig. Auch die Sehnsucht nach dem Unwiederbringlichen schmerzte zunächst beinahe körperlich. Ich war weinerlich und sehr verletzlich, doch dann fühlte ich, wie sich etwas in mir regte, das ich bis dahin nicht gekannt hatte: Stolz. Stolz auf mich und meine eigene Kraft, eine Unabhängigkeit, die mir eine Art Freiheit des Denkens bescherte. Ich brauche niemanden, nicht einmal Mama, sagte ich zu mir selbst. Und ich konnte dieses Gefühl ertragen.

Dabei war Fritz Lenz bei weitem kein Unmensch. Im Gegenteil, er hat sich sehr um mich und meine Erziehung bemüht. Vermutlich war er zutiefst beunruhigt über mich, ein Kind, das er als Morgengabe mit in die Ehe bekam und das ihm so vollkommen fremd blieb in seinen Neigungen und Charakterzügen. Wahrscheinlich fürchtete er auch das Erbe meines Künstler-Vaters, das in mir schlummerte, und hatte beschlossen, mit eiserner Hand das Übel bei den Wurzeln zu packen, meinen Kopf radikal von Flausen und gefährlichen Fantasien zu reinigen. Fritz Lenz war sicherlich ein erfolgreicher und begabter Mensch, doch über eins verfügte er überhaupt nicht: Er hatte keine Fantasie und alles Künstlerische oder Schöngeistige war ihm fremd. Er war ein Mann der Zahlen und Fakten.

Seine Eltern waren zu arm gewesen, um ihn auf eine höhere Schule schicken zu können. So durchlief er die Volksschule, die er mit einem hervorragenden Zeugnis verließ. Danach sollte er eine Lehre antreten, Schlosser werden wie sein Vater. Dieser hatte in Tegel sein ganzes Leben bei Borsig in Lohn und Brot gestanden und Fritz sollte diesem Beispiel folgen. Die Borsig OHG war damals nicht irgendeine Firma. Gegründet 1837, war sie eine Institution in Berlin. Vor dem Ersten Weltkrieg hatten die Arbeiter dort Lokomotiven, Dampfmaschinen, Pumpen, Kompressoren und Kältemaschinen produziert. Als das Unternehmen während des Krieges zur Produktion von Kriegsgütern verpflichtet wurde, teilte man es in zwei Bereiche, in die Borsig-Lokomotivbauwerke, die dann nach Henningsdorf zogen, und die in Tegel verbleibende Borsig Stammfirma, die hauptsächlich Großmaschinen herstellte. Und dort trat mein Stiefvater seine Lehre an. Er war begabt und ehrgeizig. Schon bald wollte er mehr, besuchte die Abendschule, an der er die Fachhochschulreife erlangte. So viel Engagement konnte seinen Vorgesetzten nicht verborgen bleiben. Man förderte ihn und nach wenigen Jahren wurde er Werkstudent. Wie gewohnt ging er von nun an tagsüber zu Borsig und an den Abenden machte er eine Ausbildung an der Ingenieurfachschule. Während dieser Zeit kannte er meine Mutter bereits, doch er war finanziell und arbeitsmäßig zu sehr gebunden, als dass er sich in eine Liebesbeziehung gestürzt hätte.

1931 erhielt er das Angebot, für ein Jahr als Austauschstudent in die Staaten zu gehen. Amerika! Ein Traum, der ihm so unwirklich erschien, dass er zunächst überhaupt nicht darüber sprechen wollte. Wie sollte er das bewerkstelligen? Seine Englischkenntnisse waren eher mager, die weiteste Reise, die er bis dahin unternommen hatte, war in den Harz gegangen – und nun mit dem Schiff über den Atlantik! Dazu kam die Sorge, wie es bei Borsig weitergehen würde. Konnte er sich auf das Versprechen verlassen, nach einem Jahr an seinen alten Arbeitsplatz zurückkehren zu können? Und dann das Wichtigste: Wie sollte er eine solche Ausbildung überhaupt finanzieren? In den Staaten konnte er wie in Berlin für seinen Lebensunterhalt arbeiten, aber die Schiffspassage kostete selbst für eine Überfahrt dritter Klasse ein Vermögen, das er nicht hatte. Lange wurden im Freundeskreis verschiedene Möglichkeiten durchgesprochen. Alle kamen überein, eine Sammelaktion für eine Schiffspassage dritter Klasse Hamburg–New York zu starten. Es musste etwas Besonderes an ihm sein, dass ihm in jenen Jahren ein so seltenes Angebot gemacht wurde. Auch meine Mutter beteiligte sich und steuerte einen für ihre Verhältnisse recht hohen Betrag bei. Sie hatte sich schon längst für Fritz entschieden, auch wenn er selbst noch immer der Überzeugung war, ein Mann in seiner unsicheren Position könne und dürfe keine Frau an sich binden.

Fritz Lenz ging also nach Amerika und meine Mutter blieb in Berlin. Viele Briefe haben in diesem Jahr der Trennung den Atlantik gekreuzt, Briefe, in denen sie sich allmählich immer offener zunächst ihre Zuneigung und dann ihre Liebe gestanden, bis dann zum Ende des Jahres eigentlich schon alles geregelt war. Sie wollten so schnell wie möglich ein gemeinsames Leben beginnen.

Nach seiner Rückkehr war mein Stiefvater, der als einfacher Facharbeiter begonnen hatte, plötzlich ein Spezialist im Maschinenbau. Er arbeitete wieder in seiner alten Firma – zu einer Zeit, als Millionen Menschen auf der Straße standen und der Staat eigentlich nur noch mit Notverordnungen regiert wurde, er hatte eine Frau, mit der er sein Leben teilen wollte, und war eigentlich ein gemachter Mann. Doch der Aufenthalt in einem anderen Land, die Konfrontation mit einer fremden Kultur hatte diesen sonst so maßvollen Mann abenteuerlustig gemacht. Er vermisste etwas, das er noch nicht einmal hätte benennen können. Er war auf der Suche nach einer neuen Herausforderung und die ließ gar nicht lange auf sich warten. Dieses Mal allerdings kam sie aus der entgegengesetzten Himmelsrichtung, aus Russland.

Dort hatte Stalin nach einem harten Machtkampf 1928 die vollkommene Kontrolle über das Land und seine Institutionen gewonnen. Beinahe unmittelbar danach begann er mit der Durchführung seiner umfangreichen Reformpläne für Landwirtschaft und Industrie. Stalin war der festen Überzeugung, die Sowjetunion, wie Russland nun genannt wurde, läge in ihrer wirtschaftlichen Entwicklung um rund hundert Jahre hinter dem Westen zurück. Das Zauberwort hieß Kollektivierung, die Teil des ersten Fünf-Jahres-Plans war. Wie in der Landwirtschaft erhielt auch in der Industrie jedes Unternehmen eine detaillierte Zielvorgabe, die in den folgenden Jahren erreicht werden musste. Überwacht wurde sie durch den so genannten Gosplan, eine Behörde in Moskau. Arbeiter und Direktoren waren deren Spitzeln gleichermaßen ausgeliefert und die Strafen für Nichterfüllung waren drakonisch. Die Führungspersonen eines Unternehmens, denen Schlamperei vorgeworfen wurde, konnten gegebenenfalls sogar zum Tode verurteilt werden.

Doch selbst die Todesstrafe konnte in einem heruntergewirtschafteten Land keine Wunder bewirken. In den Wirren der Revolution waren Fachleute aller Lebensbereiche zu Tausenden entweder aus dem Land geflüchtet oder ums Leben gekommen. Die Ausbildung des Nachwuchses konnte diese Lücke nicht füllen, zudem war sie schlecht. In dieser Notsituation entschloss sich Stalin, die fehlenden Fachkräfte im Ausland anzuwerben. Sie sollten für zwei Jahre ins Land kommen, beim Aufbau der notwendigen Infrastruktur helfen und so viel Wissen wie irgend möglich weitergeben. Dafür bot man ihnen ein gutes und vor allen Dingen sicheres Einkommen, kostenlose Unterkunft auch für die Familie, jede Menge Privilegien und noch mehr Herausforderungen. Natürlich war man nur an den Besten interessiert und schickte die Anwerber deshalb ausschließlich zu renommierten Unternehmen wie Borsig.

Und so begegnete mein Stiefvater eines Tages einem Agenten, der Leute für verschiedene Unternehmen in Leningrad suchte, und zwar unverzüglich. Er war sofort

Feuer und Flamme. Das war die Chance, auf die er in den letzten Wochen gewartet hatte. Ein Jahr Amerika, zwei Jahre Russland, mit dieser Auslandserfahrung konnte es anschließend auch in Deutschland nur noch aufwärts gehen. Meine Mutter war nicht ganz so begeistert. Selbst die Hochzeit sollte nun statt mit Freunden in Berlin im fernen Russland stattfinden. Allein bei diesem Gedanken schossen ihr Tränen der Enttäuschung in die Augen. Dazu kam ihre Sorge um mich. Ich war beinahe sechs Jahre alt und sollte nächste Ostern eingeschult werden. Alles war schon arrangiert: Eine neue Wohnung war gefunden und Mutter beschäftigte sich intensiv mit der Einrichtung. Selbst der Stoff für die Gardinen war bereits bestellt. Und ich sollte ein eigenes Zimmer bekommen. Bis dahin hatte ich in einer Art Durchgangszimmer und später, als wir allein lebten, bei Mutter im Schlafzimmer geschlafen. Die Vorstellung, ein Zimmer ganz allein für mich zu haben, hatte mich mit den neuen Lebensverhältnissen wenigstens etwas versöhnt. Doch auf einmal waren all diese wunderbaren Veränderungen infrage gestellt. Das erste Anwerbungsgespräch führte Fritz Lenz im Frühsommer 1932. Es folgten ein zweites und ein drittes und mein Stiefvater begeisterte sich immer mehr. Er kam mit stets neuen Plänen heim, mit glühenden Schilderungen über das Land und die Notwendigkeit seiner Arbeit dort, bis sich meine Mutter dieser Begeisterung nicht mehr verschließen konnte. Sie liebte diesen Mann und hätte es nicht ertragen, ihm einen Traum zu verwehren.

Als sich meine Eltern endgültig für Leningrad entschlossen hatten, ging alles sehr schnell. Mein Stiefvater reiste bereits im Spätsommer 1932 nach Russland. Mutter und ich blieben noch eine Weile in Berlin, weil in der kurzen Zeit nicht alles hatte geregelt werden können. Die gerade erst gemietete Wohnung wurde wieder aufgelöst – wir fanden Unterschlupf bei der besten Freundin meiner Mutter –, unsere Möbel wurden zum Teil verkauft, der Rest wurde untergestellt und ein ungeheurer Papierkrieg raubte meiner Mutter den Schlaf. Da sie noch nicht verheiratet war, hießen wir immer noch Firle nach meinem leiblichen Vater und waren mit Fritz Lenz noch nicht verwandt. Vor allem die deutschen Behörden konnten nur mit Mühe begreifen, warum eine geschiedene Frau ohne sichere finanzielle Existenz mit ihrem Kind in ein von der Revolution gebeuteltes Land reisen wollte, zu den Kommunisten! Auch auf russischer Seite arbeiteten die Behörden nicht so wie versprochen. Unsere Visa ließen lange auf sich warten und so verzögerte sich unsere Abreise bis in den späten Herbst hinein.

Eines Tages war es dann so weit. Wir hatten uns bereits von unseren wenigen Verwandten und vielen Freunden unter Tränen verabschiedet. Die gepackten Koffer warteten im Flur auf uns. Mutter und ihre Freundin standen am Fenster, hielten sich an den Händen und flüsterten leise miteinander. Ich nutzte die Gelegenheit und versuchte, mich aus dem viel zu dicken Mantel zu schälen, in den sie mich gepackt hatte. Es war mir unverständlich, warum ich mich bei diesem milden Herbstwetter in so viel Tuch zwängen sollte. Viel wichtiger allerdings als dieser dumme Mantel war das Taxi, das uns zum Bahnhof bringen sollte. Ein Taxi! Was für ein Luxus! Nur ein Mal, wenige Monate zuvor, zur Beerdigung meiner Großmutter, war ich mit einem Taxi gefahren. Und da hatte ich mich nur heimlich freuen können. Nach außen hin hatte ich ein dem Anlass entsprechendes Gesicht aufgesetzt. Meine Großmutter war tot. Ich würde sie nie wiedersehen. Das war traurig, aber ich saß in einem Auto wie eine Prinzessin. Jetzt war ich wild entschlossen, die Fahrt zum Bahnhof aus vollem Herzen zu genießen.

Das Taxi kam. Der Fahrer schleppte die schweren Koffer hinunter. Ich wurde wieder in den dicken Mantel gepackt. Mutter durchsuchte zum hundertsten Mal ihre Tasche nach den Reisepapieren. Dann fiel die Wohnungstür hinter uns ins Schloss. Wieder fuhren wir durch Berlin, das ich vom Fond des Wagens aus betrachtete. Es war später Nachmittag, auf den Gehwegen drängten sich die Passanten, viele gut und nach der neuesten Mode gekleidet. Damen mit flotten Hütchen flanierten an den Schaufenstern entlang. In den Cafés saß man draußen und genoss die letzten warmen Sonnenstrahlen. Alles schien sehr aufregend, fröhlich und bunt.

Am Bahnhof ging alles sehr schnell. In Begleitung eines Gepäckträgers und von Mutters Freundin hetzten wir zum Bahnsteig. Dann eine letzte Umarmung. Irgendwer hob mich in das Abteil, in dem ich die Tüte mit Äpfeln und Lakritzen, die ich zum Abschied bekommen hatte, sorgfältig verstaute. Die Lokomotive zischte, ein schriller Pfiff, der Schaffner warf die schwere Tür zu und mit einem Ruck setzte sich der Zug in Bewegung. Tränenüberströmt lehnte Mama aus dem Fenster und hielt die Hand ihrer Freundin, bis es nicht mehr ging. Unsere Reise ins Ungewisse hatte mit einem hektischen Abschied begonnen.

Ich war viel zu aufgeregt, um mich um Mutters unaufhaltsamen Tränenstrom zu sorgen. Wir saßen in einem Abteil zweiter Klasse. Dort gab es statt der harten Holzbänke, die ich von unseren kurzen Ausflügen in die Schorfheide gewohnt war, eine Art gepolstertes Sofa, fast wie in unserem guten Zimmer. Ich kuschelte mich voller Vergnügen in die weichen Sitze und war der festen Überzeugung, wir befänden uns auf einer Reise ins Schlaraffenland. Langsam umfing uns die Dunkelheit. Wir aßen unsere Brote und tranken heißen Tee aus einer Thermoskanne. Das stete Rattern der Räder lullte mich ein und noch vor der polnischen Grenze war ich eingeschlafen. Der nächste Morgen war diesig und grau. Meine Euphorie des Vortages war längst verflogen. Der große Bahnhof von Warschau, wo ich mir die Nase am Abteilfenster platt gedrückt hatte, lag schon weit hinter uns. Unaufhaltsam rumpelte der Zug weiter.

Mir wurde immer langweiliger und ich sehnte das Ende der Reise herbei. Alle fünf Minuten löcherte ich meine Mutter mit der Frage, wann wir endlich ankommen würden. Dazwischen starrte ich in die traurige Landschaft, die an unserem Fenster vorüberzog. Graue entlaubte Bäume, endlose Felder, nur ab und zu ein Dorf. Je weiter wir nach Osten kamen, umso weniger Menschen schien es zu geben. Stunde um Stunde verstrich. Irgendwann wurde aus dem Regen Schnee und das schmutzige Grau verschwand unter einer immer dichter werdenden weißen Decke. Als wir dann endlich in den Bahnhof von Leningrad einfuhren, ich völlig übermüdet und Mutter nervös und erschöpft, trieben dichte Schneeflocken durch die Luft. Alles war wie in Watte gepackt und es war kalt. Hunderte von Reisenden drängten sich auf dem Bahnsteig, aber nirgendwo war mein Stiefvater zu sehen. Mutter wuchtete die schweren Koffer aus dem Abteil, und da standen wir nun. Mir war eigentlich alles egal. Ich war nur müde und fror erbärmlich in meinem Mäntelchen, das mir in Berlin noch viel zu dick erschienen war. Als sich nach schier endlosen Minuten die Massen langsam verteilt hatten, sahen wir die hohe Gestalt meines Stiefvaters vom anderen Ende des Perrons auf uns zustürmen. Vor Erleichterung brach Mama wieder in Tränen aus. Beide sanken wir in seine Arme.

Vater, wie ich ihn von nun an nannte, brachte uns in ein so genanntes Stadthaus. Mit einem Pferdeschlitten fuhren wir durch das spärlich erleuchtete Leningrad – und das war noch schöner als die Berliner Taxifahrt. Die Stadt war wie ausgestorben. Nur wenige, tief vermummte Gestalten hasteten durch die Straßen, es gab fast keine Autos, dafür Gebäude, wie ich sie noch nie gesehen hatte. Das Haus, in dem wir von nun an leben sollten, war imposant. Vater schloss eine hohe geschnitzte Holztür auf und schob uns hinein. Wir standen in einer riesigen Halle, von der aus eine Freitreppe in die erste Etage führte. Der weiße Marmorfußboden war von unzähligen schmutzigen Fußspuren verunziert. Im trüben Licht einer einzigen Glühbirne schleppten wir unser Gepäck auf eine Balustrade. Wenige Meter vor unserem neuen Zuhause tat Vater schrecklich geheimnisvoll. Er nahm Mutter in die Arme und trug sie über die Schwelle ihres ersten gemeinsamen Heims. Der Eintritt war ernüchternd. Schummriges Licht fiel auf ein paar armselige Möbel. Hinter einem Paravent stand ein Doppelbett. Für mich blieb nur das altersschwache Sofa. So endete meine Reise ins Schlaraffenland: in einem einzigen Zimmer ohne Bad und Küche.

3 Eine Gastarbeiterfamilie in Leningrad

Am nächsten Morgen erwachte ich im dämmrigen Schein einer Glühbirne. Sie hing an einem langen Kabel inmitten einer vergoldeten Stuckrosette, dort wo in früheren Zeiten wohl ein prachtvoller Kandelaber gehangen haben musste. Ich zog mir die Decke bis an die Nase und stellte mich schlafend. Mama und Vater flüsterten hinter dem Paravent. Draußen war noch tiefe Nacht, doch im Haus regte sich schon Leben. Türen schlugen, Schritte schlurften den Gang entlang, eine Frau rief etwas in einer mir unbekannten Sprache. »Komm, Suse«, Mama streichelte mir die Wange, »es ist Zeit. Du musst aufstehen. Jetzt können wir ins Bad.«

Wir traten aus dem Zimmer. Ich blieb wie angewurzelt auf der Balustrade stehen. So etwas Großartiges hatte ich noch nie zuvor gesehen. Die Eingangshalle lag mir zu Füßen. In den Nischen und an den Decken befanden sich üppige Stuckverzierungen, deren ehemals prächtige Bemalung zum Teil abgeblättert war. Reste von handgemalten Tapeten an den Wänden ließen ihre gewesene Schönheit noch erahnen. Auf einmal wusste ich, was ich am Abend zuvor, übermüdet wie ich war, nur geahnt hatte. Dies war ein verzaubertes Schloss. Die vielen Menschen um mich herum schienen nichts davon zu merken. Sie hasteten durch die Gänge, ohne die stummen Zeugen einer anderen Zeit wahrzunehmen. Dabei hatte das Schloss so viel zu erzählen. Ich brauchte nur auf ein Fenstersims zu kriechen. Dort saß ich oft stundenlang mit angezogenen Beinen ganz still und lauschte. Der Trubel um mich herum wurde allmählich immer leiser und ich träumte mich in eine Märchenwelt voller Prinzessinnen und Prinzen, die tanzten und Heldentaten vollbrachten, die fröhlich und immer glücklich waren.

Unser Haus lag in einem der ehemals wohlhabenden Viertel Leningrads und hatte bis zur Revolution einer Adelsfamilie als Stadtpalais gedient. Anfang der zwanziger Jahre war es vom Magistrat requiriert und zu einem Mietshaus umfunktioniert worden. Statt einer einzigen lebten nun ungefähr 25 Familien unter seinem Dach. Als wir 1932 nach Leningrad kamen, herrschte dort großes wirtschaftliches Elend und eine unglaubliche Wohnungsnot. Trotzdem waren die offiziellen Stellen bemüht, die ausländischen Fachkräfte gut unterzubringen. Wie in unserem Fall wurden ihnen verschiedene Stadthäuser zugewiesen, in denen jede Familie ein, allerhöchstens zwei Zimmer erhielt. Die Zuteilung der Räume richtete sich nach der Anzahl der Personen. So lebten wir zunächst weiterhin zu dritt in einem Zimmer, bis wir später ein weiteres hinzubekamen.

Zu Zarenzeiten waren im Untergeschoss unseres Palais die Wirtschaftsräume, Lager und Aufenthaltsräume für das Personal untergebracht gewesen. Die Repräsentationsräume lagen im Erdgeschoss, die darüber liegenden Etagen dienten als Schlaf- und Ruheräume, und ganz unter dem Dach waren die Kammern für die Angestellten. Trotz baulicher Veränderungen, man hatte beispielsweise auf jedem Stockwerk eine Küche und ein Bad eingerichtet, war diese hierarchische Aufteilung immer noch spürbar. Sie war der Grund für manche Auseinandersetzung unter den neuen Bewohnern. Familien, die in den unteren Geschossen lebten, hatten einfach mehr Platz, Luft und Licht, was insbesondere in den heißen Sommermonaten zu Zank und Streit führte.

Schon immer war ich ein eher gefühlsbetonter, verträumter Mensch. Ich lebe, indem ich fühle, sehe, schmecke, berühre. Mit all meinen Sinnen sauge ich die Atmosphäre meiner Umgebung auf wie ein Schwamm und der Anblick von schönen Dingen oder Menschen kann mich in wahre Hochstimmung versetzen. Dieser Sinn für Schönheit und Ausgewogenheit, der mein Leben entscheidend geprägt hat, ist in jenen zwei Jahren in der Stadt an der Newa geweckt worden. Dort habe ich sehen gelernt. Obwohl man St. Petersburg erst in Petrograd und später in Leningrad umbenannt hatte und die Sowjets sich bemühten, die Vergangenheit vergessen zu machen, die alte Zarenzeit war überall spürbar. Wenn man durch die Straßen spazierte, entfaltete sich die Kulisse der vielen Palais, Straßen, Kais und Plätze wie zu einer gigantischen Bühne, die das gegenwärtige Leben davor ganz unwirklich erscheinen ließ. Für Augenblicke konnte man vergessen, wie sehr die Stadt hungerte und dass manche ihrer Bewohner sich sogar um den Müll der Ausländer und Funktionäre prügelten.

Keine andere europäische Stadt vergleichbarer Größe ist so planmäßig und so sehr nach dem Geschmack ihres Erbauers und Namensgebers errichtet worden. Zar Peter der Große war ein glühender Bewunderer der französischen und italienischen Architektur. Mich beeindruckten die prächtigen Bauten, wie ich sie später in Paris und Rom lieben lernen sollte. Nicht allein der Stil faszinierte mich, sondern auch die Farbgebung der Paläste längs der Newa und in anderen alten Stadtteilen. Zwischen dem vorherrschenden verrußten Schwarz und Grau traf man plötzlich auf viele Palais in Grün, Ocker, Blau oder Orange. Zwar hatten auch an diesen Fassaden Revolution und Armut starke Spuren hinterlassen, doch ließ sich der ehemalige Glanz noch ahnen. In meiner kindlichen Vorstellung lebte ich in einem nicht endenden Märchentraum: Wie unser Haus war auch die Zarenstadt verzaubert.

Am deutlichsten hatte ich dieses Gefühl eines Abends in unserem ersten Sommer, als wir uns nach einem Tagesausflug in die Umgebung langsam wieder der Stadt näherten. Über der Newa stand die blutrote Sonne, die nicht untergehen wollte. Die Umrisse der Bauten schienen sich in ihrem Licht aufzulösen. Sie wurden leichter, hauchzart mit lila-grauen Spitzen. Und die Turmspitzen funkelten rubinrot wie auf einem prachtvollen Gemälde. Es war zu schön. Es war ein Märchen, mein Märchen.

Allerdings hält Schönheit nicht immer das, was sie verspricht. Auch diese schmerzliche Erfahrung musste ich in Leningrad machen. Als wir dort ankamen, war es bereits Winter – ein Winter, wie ich ihn noch nie zuvor erlebt hatte. Die Straßen, Plätze und Häuser waren in dichte weiße Schneedecken gehüllt, die Kanäle zugefroren. Hinter unserem Haus stand eine mächtige Tonne, die von einer dicken Eisschicht überzogen war. Einer der Bewohner hatte ein Loch hineingehauen und die aufgehackten Brocken achtlos daneben geworfen. Sie glitzerten regenbogenfarben in der Sonne und ihre Kristalle waren schöner als Mamas

Ring, den sie von Vater zur Hochzeit bekommen hatte. Ich nahm mir ein besonders großes Stück von dieser Kostbarkeit. Es war fast durchsichtig, ein wunderschönes Geschenk für Mama. In unserem Zimmer legte ich es in eine Schublade, in der sich auch die Seiten befanden, auf denen ich in schwarzer Tinte meine ersten Buchstaben mühevoll Reihe für Reihe gemalt hatte. Ich wollte bis nach dem Essen warten, um Mama zu überraschen. Es erübrigt sich wohl zu erzählen, welche Auswirkungen das geschmolzene Eis auf meine Schreibübungen hatte. Alles Klagen und Weinen nützten nichts. So hatte ich mein erstes Lehrgeld zahlen müssen.

In unserem großen Haus lebten viele Kinder aus beinahe allen europäischen Staaten, aber nur drei deutsche: Fritz Böger, Helga Altendorf und ich. Wir waren ungefähr im gleichen Alter und, da unsere Eltern nicht im Traum daran gedacht hätten, uns in eine russische Schule zu schicken, unterrichtete uns ein Hauslehrer. Er war Wolgadeutscher, ein großer Mann mit blondem Haar und breiten Wangenknochen. Er war in Russland geboren, in beiden Kulturen zu Hause und sprach ein etwas altertümliches Deutsch. Jeden Morgen kam er in unser Haus, wo wir uns mit ihm in einem eigens dafür hergerichteten kleinen Raum trafen. Dort brachte er uns Schreiben, Lesen, Rechnen und Schönschrift bei. Wir haben zusammen gesungen und gemalt, ein ganz normaler Unterricht wie an einer deutschen Volksschule. Weil wir aber nur drei Schüler waren, konnte er seine ganze Aufmerksamkeit auf jeden Einzelnen richten. Nicht eine Minute waren wir unbeobachtet. Da gab es kein Träumen oder Schwänzen. Wenn sich mein Blick einmal in die Welt hinter dem Fenster verlor, stand er gleich neben mir und holte mich mit einer ungeduldigen Frage zurück. Jede Hausaufgabe wurde kontrolliert und zensiert. Der Beste erhielt als Belobigung ein Stück Zucker oder wurde mit einer anderen Kleinigkeit belohnt. Am Ende hatten wir so viel gelernt, dass ich 1935 in der ersten wirklichen Schule meines Lebens, der Volksschule in Pankow, meinen Mitschülern weit voraus war.

Schon nach wenigen Wochen wurde ich in Leningrad heimisch. Berlin war bald vergessen. Hier war ich irgendwie glücklicher, hier fühlte ich mich nicht mehr allein. Das Leben und Schicksal so vieler Menschen spielten sich in diesem Haus auf engstem Raum ab. Und wir Kinder bekamen alles mit, Freude, Leid. Auch Klatsch, von dem wir das meiste überhaupt nicht verstanden, den wir aber gern weiterplapperten. Hinter jeder Tür verbarg sich ein spannendes Geheimnis. Ich liebte es, wenn das Wetter zu schlecht war, mit meinem Freund Fritz von Stockwerk zu Stockwerk zu streifen auf der Suche nach einer aufregenden Geschichte, einem neuen Abenteuer. Meist landeten wir zum Schluss in unserer Gemeinschaftsküche. Sie war das eigentliche Herz unserer Etage. Sie war Nachrichtenbörse, Kantine, Caféhaus, alles in einem. Wegen des beschränkten Raumes und des engen Zeitplans, der die Kochzeiten regelte, waren unsere Mütter dort oft zu finden. Wenn es einmal nichts zu tun gab, saßen sie hier gern beisammen, tranken Kaffee und unterhielten sich über die Zeit, wenn sie wieder zu Hause wären. Mitunter jedoch wurde der Ton schärfer und es krachte heftig zwischen den Frauen. Immer begann es mit einer Nebensächlichkeit, weil beispielsweise eine der Frauen angeblich schlampig aufgeräumt hatte. Meist folgte auf das laute Geschrei und

Türenknallen eine schnelle Versöhnung, doch gab es auch regelrechte Kleinkriege, die mit großer Verbissenheit geführt wurden.

Da die Männer morgens in aller Frühe das Haus verließen und erst spätabends zurückkamen, wenn wir schon längst zu Bett waren, wuchsen wir Kinder in einer reinen Frauenwelt auf. Die mitgereisten Ehefrauen reagierten auf das politische und gesellschaftliche Leben mit Ablehnung. Sie misstrauten dem neu gegründeten Arbeiterstaat, der durch den Sieg des Proletariats entstanden sein sollte, zumal sich keine von ihnen der Arbeiterklasse zugehörig gefühlt hätte. Ihre Ehemänner waren schließlich Teil der Führungselite. Deshalb blieben sie einfach unter sich und zogen es vor, wie in einem selbst gewählten Ghetto zu leben. Nur wenige wagten sich allein hinaus in die fremde russische Welt. Meine ängstliche Mutter wäre nie auf den Gedanken gekommen, das Haus einmal ohne Begleitung zu verlassen, denn in den zwei Jahren in Leningrad hat sie kaum ein Wort Russisch gelernt.

Anfangs versuchte sie, mir Angst zu machen und mich ans Haus zu binden. Im ersten Monat war sie damit erfolgreich. Ich zog durch die Gänge, bis ich jeden Winkel kannte. Aber die schönsten Märchenträume konnten die Sehnsucht nach dem Schneeparadies draußen vor den Fenstern nicht mehr stillen. In den wenigen Stunden, die es an einem Dezembertag hell wurde, klebte ich an der Fensterscheibe und kannte nur eine Frage: »Wann kann ich raus?«

Obwohl ihre Angst vor Trunkenbolden, Räubern und Menschenhändlern nach wie vor groß war, hatte meine Mutter schließlich ein Einsehen. Ich durfte nach draußen, aber nur in den Hof hinter unserem Haus und auch das nur unter strengen Auflagen. Das oberste Gebot: Ich durfte niemals allein im Hof spielen, Fritzchen sollte immer dabei sein. Ich durfte mit keinem Fremden sprechen, was sowieso kaum möglich gewesen wäre, da ja auch ich nur wenig Russisch gelernt hatte. Falls sich dennoch ein Russe auf unseren Hof verlieren sollte, musste ich augenblicklich nach oben kommen. So bereitwillig habe ich einem Gebot meiner Eltern nie wieder zugestimmt. Ich hatte nur ein Ziel: ab in den Schnee.

In unserem Hinterhof erlebte ich also meinen ersten russischen Winter in all seiner Schönheit und unerbittlichen Kälte. Stück für Stück eroberten wir Kinder uns die Umgebung. Nachdem unsere Mütter aufgehört hatten, hinter jeder Ecke einen Bösewicht zu vermuten, legten wir die Regeln großzügiger aus und erweiterten unseren Einzugsbereich. Wenn unser Unterricht beendet und es draußen noch hell genug war, durften wir nach einer Weile sogar in die Straße vor unserem Haus, in die »Tschaikowskaja Uliza«.

Eines Tages, Fritz und ich rollten gerade Schneebälle, um einen Schneemann zu bauen, tauchte vor uns eine zerlumpte, übel riechende Gestalt auf. Der Junge war kaum älter als wir und starrte uns an. Ich war vor Schreck wie gelähmt. Solch einen Jungen hatte ich aus der Nähe noch nicht gesehen. Er trug eine zerrissene, wattierte Jacke, die ihm viel zu groß war. Um die Füße hatte er Filzlappen gewickelt. Sein kleines, schmutziges Gesicht verschwand beinahe unter einer viel zu großen Mütze und die Hände steckten in löchrigen Fingerlingen. Alles an ihm starrte vor Schmutz, Eis und Schnee. Lange standen wir einfach nur da, reglos, wie Hunde, die Witterung aufnehmen. Plötzlich machte sich ein Lächeln auf seinem Gesicht breit, seine Zähne blitzten erstaunlich weiß. Er schob die Mütze zurück, so dass seine abstehenden, leuchtend roten Ohren sichtbar wurden, und der Bann war gebrochen. Er half uns beim Bauen des Schneemanns. Später sagte er etwas, worauf wir nur mit den Schultern zuckten. Es dauerte eine Weile, bis er verstand, dass wir kein Russisch konnten. Und dann folgte eine gebärdenreiche Verständigung. Seine Gesten waren eindeutig: Er hatte Hunger. Das ließ sich regeln. Ich bedeutete ihm zu warten, schlich mich in die Küche und stibitzte in einem unbeobachteten Augenblick etwas Brot. So schnell ich konnte, raste ich zu Fritzchen und dem fremden Jungen, der sich wie ein wildes Tier auf meine Beute stürzte.

Von nun an kam Oleg jeden Tag. Morgens, beim Frühstück, täuschte ich großen Hunger vor. Mutter wunderte sich über die Mengen, die ich vorgeblich in mich hineinstopfte. Die zwei von ihr mit Liebe zubereiteten Extrabrote nahm ich mit in den Unterricht. Dort versteckte ich sie in meiner Schublade, um sie nach dem Mittagessen auf die Straße zu schmuggeln.

Oleg wartete meist schon auf uns in irgendeiner Ecke, in der wir ungestört waren. Während er seinen Hunger stillte, erzählte er uns gestenreich von sich. Oleg hatte keine Eltern und lebte auf der Straße, was meine kindliche Vorstellungskraft vollkommen überstieg. Selbst in den schlimmsten Geschichten, die ich kannte, selbst in einem Märchen wie »Hänsel und Gretel« hatten Kinder ein Dach über dem Kopf. Wenn sie keine Eltern mehr hatten, so dann doch wenigstens eine böse Stiefmutter.

Oleg war ein Straßenkind. »Besbrisornis« (ohne Aufsicht) wurden diese Kinder von den Russen genannt. Er konnte nicht lesen und nicht schreiben. Er wusste auch nicht, wie alt er war und wie lange er schon auf der Straße lebte. Er wusste nur eines: wie man überlebt. Er war zutiefst misstrauisch und vorsichtig wie ein wildes Tier. In jedem Erwachsenen witterte er einen Feind. Auch uns Kinder hatte er lange beobachtet, ehe er uns Vertrauen schenkte. Er behandelte uns mit der Freundlichkeit eines Weltenbummlers, der uns Ahnungslose am reichen Schatz seiner Erfahrungen teilhaben ließ. Und wir, die behüteten Elternkinder, saßen vor ihm und staunten.

Später nahm er mich manchmal mit auf seine Beutezüge. Er war ein meisterlicher Dieb und konnte rennen wie ein Hase. Mich platzierte er immer in gebührender Entfernung, um mich nicht zu gefährden. Auf ein Zeichen von ihm rannte ich dann jedes Mal um mein Leben in irgendein vorher ausgemachtes Versteck, in dem wir dann gemeinsam seine armselige Beute bestaunten. Er zeigte mir die warmen Lüftungsschächte der Metro, auf denen er die Winternächte verbrachte, und die Plätze an der Newa, auf denen er im Sommer sein Lager aufschlug. Oleg war mein Prinz, der mich erbittert gegen die anderen Straßenkinder verteidigte, der versuchte, mir etwas Russisch beizubringen, und der mir zeigte, dass es auch in den schlimmsten Augenblicken immer etwas zu lachen gibt. Wir waren Freunde, bis er eines Tages nicht mehr kam. Ich habe ihn nie wieder gesehen und war plötzlich einsam und traurig.

Meine Mutter hat von diesen Abenteuern wenig mitbekommen. Sie wunderte sich nur über den Gestank, den meine Kleider verströmten, und über die Läuse, die sich eines Tages auf meinem Kopf eingenistet hatten. In langen Tiraden schimpfte sie dann auf Leningrad, diese heruntergekommene Stadt, auf die Armut, den Dreck, gegen den selbst eine gute deutsche Hausfrau machtlos war. Nicht im

Traum hätte sie sich ausmalen können, mit wem ich meine Nachmittage verbrachte und wo ich mein Russisch gelernt hatte.

Wenn mein Stiefvater verhindert war – und das war er meistens –, wurde ich durch meine wundersam erlernten Russischkenntnisse zu einer unersetzlichen Hilfe für meine Mutter. Mit mir an der Seite wagte sie sich aus dem Haus und gewann ein Stück persönlicher Freiheit. Und ich liebte es, sie mit meinen Kenntnissen über die Stadt zu verblüffen. Am schönsten waren die Fahrten zur Kooperative, in der wir Ausländer einkaufen konnten. Sie lag am Newskij Prospekt, der Haupteinkaufsstraße und wichtigsten Verkehrsader der Stadt. Ich liebte diese Straße mit ihren eindrucksvollen Bauten. Um dorthin zu gelangen, mussten wir uns jedes Mal in eine überladene Straßenbahn quetschen. Es wimmelte nur so von Menschen. Sie standen zusammengepfercht bis zur Plattform, sie standen auf den Stufen oder hielten sich außen an der Bahn fest. In dieser Enge, die kaum das Atmen ermöglichte, wurde meine Mutter regelmäßig von Panik heimgesucht. Plötzlich wurde sie immer aufrechter, presste ihre Tasche und mich ganz fest an sich und bedrängte mich schon Stationen vor dem eigentlichen Ziel: »Sag ihnen, dass wir bald raus müssen!« Sie hatte wahnsinnige Angst, nicht rechtzeitig aussteigen zu können und irgendwo in der Stadt verloren zu gehen.

Vor der Kooperative mussten wir das nächste Hindernis überwinden. Dort drängten sich die Leningrader und drückten sich an den Schaufenstern die Nasen platt. Sie wollten zumindest sehen, was sie sich niemals leisten konnten, denn diese Kooperative war nur für die in Leningrad arbeitenden westlichen Ausländer und ein paar Funktionäre bestimmt. Die Kooperative ist wohl am ehesten mit einem großen Warenhaus zu vergleichen. An unzähligen Ständen auf verschiedenen Stockwerken konnte man kaufen, was das Herz begehrte und der Geldbeutel hergab. Lebensmittel, Kleidung, Haushaltswaren, Bücher, eben alles. Wir wanderten von Stand zu Stand, verglichen das Angebot, befühlten die Ware, bis wir schließlich gefunden hatten, was wir suchten. Das ein oder andere Mal fiel auch etwas für mich ab, Schokolade, eine Pirogge und einmal sogar eine Apfelsine. Diese wunderbaren kleinen Extras habe ich genossen, mit etwas schlechtem Gewissen zwar, wenn ich an Oleg dachte. Manchmal konnte ich etwas wegstecken und ihm davon abgeben. Zum Abschluss einer jeden Einkaufstour statteten Mutter und ich dem Zuckerbäcker der Kooperative einen Besuch ab. Solche Torten habe ich nie wieder gesehen. Sie hatten mehrere Stockwerke und waren mit dem schönsten Zuckerwerk geschmückt, viel zu schade zum Verzehr.

Wenn wir dann mit unseren voll bepackten Taschen die Kooperative verließen, gab es jedes Mal den gleichen Spießrutenlauf durch die Menschenmenge, die verstohlen oder ganz offen bettelte. Manche drängten sich förmlich an uns, befühlten den Stoff unserer Mäntel oder versuchten in die Taschen zu greifen. In solch beängstigenden Momenten half es sehr, dass ich mein Russisch gerade von Oleg gelernt hatte. Die richtige Bedeutung seiner Flüche oder Schimpfwörter hatte ich zwar nicht verstanden, doch ihre Anwendung tat Wunder. Die Menschen, die sich noch eben auf uns stürzen wollten, waren wie erstarrt und staunten, so etwas aus dem Mund eines kleinen, hübschen Mädchens zu hören. Dieser Augenblick reichte uns, um wegzukommen. Die meisten der bettelnden Menschen aber waren zurückhaltend und von echter Not getrieben.

Manchen war anzusehen, dass ihre Wiege in einem ganz anderen Leben gestanden hatte. Es fiel ihnen schwer, sich in der Armut zurechtzufinden. Es fehlte ihnen an der unbekümmerten Dreistigkeit und Unverschämtheit, die damals für das Überleben so wichtig waren. Gerade diesen Menschen ließ meine Mutter immer etwas zukommen, auch wenn dies uns Ausländern unter Strafandrohung verboten war. Mitunter hatte sie dafür extra etwas eingekauft, Brot, ein Stück Butter, Zucker, Seife. Viele kleine Tüten lagen zuoberst auf der Tasche und fanden unauffällig ihren Weg zu denen, die meine Mutter unterstützen wollte.

Meine Ausflüge mit Oleg, der Alltag im überfüllten Stadtpalais und in Leningrad mit all seinen unkindlichen Herausforderungen hatten mich selbständiger gemacht. Immer häufiger verschwand ich, um erst nach Stunden dreckig, aber glücklich wieder aufzutauchen. Mich auf der Straße herumzutreiben gefiel mir einfach besser, als brav mit Puppen zu spielen. Für meine Mutter waren meine Vorlieben völlig unverständlich, wenn nicht gar beunruhigend. An einem dunklen Abend in unserem zweiten Winter war es mit ihrer Geduld endgültig vorbei. Wieder einmal war ich erst nach Einbruch der Dunkelheit zu Hause erschienen. Meine Nase war blutverkrustet, Hände und Gesicht verschmiert und meine gute Pelzmütze war mir im Eifer des Gefechts verloren gegangen.

Als ich unser Zimmer betrat, erwartete mich das größte Donnerwetter, das ich bis dahin erlebt hatte. Mutter schalt mich eine Herumtreiberin, ein Nichtsnutz, von meinem wie durch ein Wunder einmal anwesenden Stiefvater setzte es eine gehörige Tracht Prügel. Ich musste ohne Abendbrot ins Bett, doch das Schlimmste erwartete mich beim Frühstück am nächsten Morgen. Während ich noch ganz in mein Marmeladenbrot vertieft war, eröffnete mir Mama, ich solle Gelegenheit finden, über den gestrigen Vorfall in Ruhe nachzudenken. »Deshalb wirst du ab heute einen Monat Hausarrest bekommen!« Vor Schreck blieb mir der Mund offen stehen, Tränen strömten. Ein Monat Hausarrest, das hieß ein Monat Gefängnis mit ein oder zwei wöchentlichen Freigängen an Mamas Hand. Ich entschuldigte mich, versprach bei allem, was mir heilig war, nie wieder zu spät zu kommen, ich bettelte, ich weinte, aber alles half nichts. Mutter blieb eisern und ich einen ganzen Monat lang im Haus.

An einem besonders kalten Nachmittag in dieser Zeit suchten Fritz und ich ganz dringend nach einer Beschäftigung. Draußen glitzerte die Sonne auf dem hart gefrorenen Schnee. Auf dem Hof waren die in einen kleinen Kanal geleiteten Abwässer über die Ränder getreten und gefroren, eine perfekte Eisbahn, leider unerreichbar für mich. Während ich noch mein Schicksal beklagen wollte, kam mir auch schon die rettende Idee. Wenn ich schon nicht zur Eisbahn konnte, dann musste die Eisbahn eben zu mir kommen. Fritz war hellauf begeistert und stürzte sogleich auf den Balkon, der unsere beiden Wohnungen verband. Die wunderbar altmodische Konstruktion mit Holzfußboden und einer schmiedeeisernen Balustrade nahm einen ziemlichen Teil der Hausfront zur Straße hin ein. Für unser Vorhaben erschien uns dieser lange und auch relativ breite Untergrund ideal.

Wir schlichen uns zur Küche und nahmen in einem unbeobachteten Augenblick einen der großen Wischeimer. Und dann begann die Schwerarbeit. Eimer um Eimer schleppten Fritz und ich das Wasser vom Bad über den langen Korridor hinaus auf den Balkon. Meine Mutter lag mit Migräne im Bett und hatte sich die Decke weit über die Ohren gezogen, um ungestört zu sein. Auch sonst wunderte sich niemand über die Eimer schleppenden Kinder. Auf dem Balkon angekommen schütteten wir das Wasser mit Tassen möglichst weit über die Holzbohlen. Obwohl es Stein und Bein fror, schwitzten wir vor lauter Anstrengung. Und die Arbeit ging nur sehr langsam voran, denn gut die Hälfte eines jeden Eimers sickerte durch die Fugen, bildete Eiszapfen oder tröpfelte auf den darunter liegenden Bürgersteig.

Nach einer Weile drangen lautes Fluchen und aufgeregtes Schimpfen von der Straße zu uns hinauf. In unserem Feuereifer – unser Werk nahm sichtlich Gestalt an – haben wir es zunächst gar nicht auf uns bezogen. Es wurde viel geflucht und laut gezankt in Leningrad. Erst als sich in die allgemeine Aufregung ein paar deutsche Stimmen mischten, die uns zudem noch sehr bekannt vorkamen, wurden wir hellhörig und wagten einen Blick über die Balustrade. Und da war sie, die Bescherung: eine wunderbare Eisbahn, aber eben leider auf dem Fußweg, auf dem das Sickerwasser blitzschnell über dem ohnehin schon harten Schnee gefroren und für die Fußgänger zu einer gefährlichen Rutschbahn geworden war. Man kann sich lebhaft vorstellen, was uns kurz danach blühte. Aus dem Glitschen auf dem Balkon wurde leider nichts.

Und auch mein Leben wurde zusehends langweiliger, denn mein Aktionsradius wurde für den Rest des Winters deutlich eingeschränkt. Hatte ich schon zuvor nur in den Unterrichtsstunden stillsitzen können, wurde ich jetzt immer unruhiger und quengeliger, bis meine Mutter eines Tages den rettenden Einfall hatte, wenigstens meine Händen Beschäftigung zu geben. Bei unserem nächsten Besuch der Kooperative erstand sie ein Paket bunter Knetmasse, das sie mir mit einem aufmunternden »Nun mach was!« in die Hand drückte. Anfangs produzierte ich nichts als bunte Kugeln und unförmige, lange Würste. Doch meine kleinen Finger wurden mit der Zeit geschickter und so entstand eine ganze Menagerie von Tieren, dazu Menschen, Bäume und Sträucher, ein Bauernhof, ein Zirkus – meine eigene kleine Welt, in die ich mich manchmal tagelang zurückziehen konnte.

Im darauf folgenden Sommer wurde immer häufiger von unserer Abreise nach Berlin gesprochen. Vaters Arbeitsvertrag war beinahe erfüllt und Mutter schrieb lange Briefe an Freunde und Verwandte, die sich bereits auf die Suche nach einer geeigneten Wohnung für uns machten. Ich wusste nicht, ob ich mich über die erneute Veränderung freuen sollte. Berlin war so weit entfernt. Ich hatte keine Freunde dort und konnte mich an unser Leben in Deutschland kaum noch erinnern. Zudem war mein Stiefvater, als die Tage immer länger und heller wurden, davon besessen, uns so viel wie möglich von Leningrad und Umgebung zu zeigen. Wir sollten alles gesehen haben, bevor wir wieder zurück in die Heimat fuhren. Auf einmal hatte er sogar mehr Zeit und so zogen wir an den Wochenenden mit Rucksack und Wanderschuhen in die nähere und weitere Umgebung. Er erzählte von Peter dem Großen und der Entstehungsgeschichte der Stadt. Wie ein Fremdenführer zeigte er uns die schönsten Ecken, bis mir die Füße schmerzten und ich keine Bauten und Plätze mehr sehen konnte. Richtig gefallen haben mir dagegen unsere Ausflüge an den Finnischen Meerbusen, wo ich in der Hitze des Sommers stundenlang im Wasser planschen durfte, Muscheln und Bernstein sammelte und mir nicht vorstellen konnte, dieses Paradies jemals zu verlassen.

Je näher der Zeitpunkt unserer Abreise rückte, umso gelöster wurde Mama. In den glühendsten Farben schilderte sie mir unser zukünftiges Leben. Eine ganze Wohnung nur für uns, mit einem Bad, vor dem wir nie mehr Schlange stehen müssten, und einem Zimmer nur für mich allein. Und in jeder Straße Geschäfte, in denen man alles kaufen konnte. Eine Stadt, in der es keine Bettler gab und keiner Angst haben musste. Und jeder würde Deutsch sprechen. Was sie mir alles zeigen wollte! Den Zoologischen Garten, den Tiergarten, natürlich würden wir auch wieder zum Kurfürstendamm gehen, an den ich mich dunkel erinnern konnte. Ihre begeisternden Schilderungen endeten regelmäßig mit dem Versprechen, mich in ein Berliner Kino zu führen. Kino! Ich kannte diesen wunderbaren Ort nur aus Erzählungen und langsam schmolz mein Widerstand gegen unsere Rückkehr. Als es Herbst wurde, konnte ich mich sogar schon ein wenig darauf freuen. Dann fielen die ersten Schneeflocken.

Mutter packte unsere Koffer und ich half ihr frohen Herzens. Ihre Erzählungen hatten ihre Wirkung getan. Besonders munterte mich der Gedanke auf, dass auch Fritz in Kürze mit seiner Familie nach Berlin zurückkehren würde. Ganz ohne Freund würde ich also nicht sein. Ende Oktober war es so weit. Wir verabschiedeten uns von unseren Leningrader Hausgenossen. Ich besuchte noch einmal alle Stellen in der Nachbarschaft, die mir lieb geworden waren. Den letzten Nachmittag saß ich auf einer der großzügigen Fensterbänke im Treppenhaus, hauchte die ersten Eisblumen von der Scheibe und schaute hinaus in den Schnee. Alles war mir so vertraut, hier kannte ich mich aus. Ich würde wiederkommen, habe ich mir damals geschworen. Wenn ich erwachsen wäre, würde ich wieder nach Russland zurückkommen.

Ganz früh am nächsten Morgen brachte mein Vater Mutter und mich zum Zug nach Berlin. Er selbst musste noch einige Zeit in Leningrad bleiben, um seinen Nachfolger einzuarbeiten. Wie zwei Jahre zuvor reisten wir durch eine früh verschneite Landschaft, nur dieses Mal nach Westen. Kurz vor Riga, wo wir mehrere Stunden Aufenthalt hatten, ging der Schnee in Regen über. Bei feuchtem Herbstwetter trottete ich neben Mutter, die diese Fahrtunterbrechung für eine ausgiebige Besichtigungstour nutzen wollte, durch die Stadt. Ich konnte ihre Begeisterung nicht so recht teilen. Ich hatte Hunger und Durst, meine Füße schmerzten und ich fand alles nur ganz schrecklich. Doch unverdrossen zog meine Mutter ihr maulendes Kind hinter sich her, bis es Zeit war, zum Bahnhof zurückzukehren.

Und weiter ging es Richtung Westen, durch Litauen, Lettland und Ostpreußen, wo wir uns in Königsberg noch einmal die Füße vertreten konnten. Dann kam der polnische Korridor, durch den wir ohne Halt fuhren, eine für mich endlos lange Strecke im überfüllten Zug, nur nebelverhangene Landschaft, ab und zu ein Dorf, sonst nur Felder und Wälder. Vor Langeweile hatte ich längst unsere Essensvorräte in mich hineingeschaufelt. Ich versuchte zu schlafen, es ging nicht. Mir knurrte der Magen. Auch war unser Abteil mit seinen Holzbänken bei weitem nicht so bequem wie auf der Hinreise. Unruhig bewegte ich mich hin und her. Ich weiß nicht, wer das Ende der Reise mehr herbeisehnte, meine Mutter oder ich. Schließlich hielt der

Zug im Bahnhof der Grenzstation, die Zöllner kontrollierten unsere Pässe und wir durften den Zug verlassen.

Da standen wir nun eingehüllt in weißem Dampf, den die Lok zischend abließ, und lauschten den deutschen Stimmen um uns herum. Ich brauchte mich überhaupt nicht anzustrengen, ich konnte alles verstehen, besonders eine Stimme, die immer lauter und verlockender klang, je näher sie kam: »Heiße Würstchen, Würste, heiße Würstchen!« Ein flehender Blick von mir genügte. Mutter kramte in ihrer Tasche nach dem deutschen Geld, setzte mich auf die Koffer mit der Ermahnung, auch dort zu bleiben, und stürzte sich in das Gewühl. Die laute Stimme gehörte zu einem grobschlächtigen, rotwangigen Mann, der mit einer langen Holzzange jede Menge Frankfurter Würstchen aus einem großen Topf hervorzauberte. Mein Magen krampfte sich vor Vorfreude. Wir waren wieder in Deutschland, wo man einfach so auf einem Bahnsteig Würstchen kaufen konnte. Und auch die Menschen sahen ganz anders aus. Alle waren gut genährt, gepflegt und gut angezogen, etwas langweiliger vielleicht. Der Bahnhof war schrecklich sauber und Bettler schien es nicht zu geben. Das war also Deutschland! Es gefiel mir langsam. Als Mutter dann endlich mit den Würstchen zurückkehrte, war meine Freude noch größer. Ich war wieder in meiner ersten Heimat und wollte diesen feierlichen Augenblick irgendwie angemessen begehen. Wie an Weihnachten, wo ich ähnlich glücklich war, wollte ich singen – aber es fiel mir nur ein russisches Kinderlied ein.

4 Zwischen Haferlschuhen und Pumps

»Berlin-Ostbahnhof! Alles aussteigen! Der Zug endet hier!« Die Bremsen der alten Lok quietschten fürchterlich. Mit einem gewaltigen Ruck kamen wir zum Stehen. Es roch nach Ruß, Öl und ein bisschen nach gebrannten Mandeln.

»Nu mach man, kleenet Fräulein, oder willste hier Wurzeln schlagen?«

Zurück in Berlin. Es war nicht zu überhören. Ich staunte. Dass ich dieses Tempo und die freche Schnauze hatte vergessen können. Mutter liefen die Tränen über die Wangen; wie immer, wenn sie gerührt war. Sie raffte unsere Koffer und Taschen zusammen und schob mich auf den Bahnsteig. Um uns herum drängten die Reisenden zum Ausgang. Nur eine Frau quetschte sich in entgegengesetzter Richtung auf uns zu, Mutters Freundin Lina, die uns schon zwei Jahre zuvor zum Zug nach Russland gebracht hatte. War das ein Wiedersehen! Schluchzend fielen sich die beiden Frauen in die Arme und schienen sich nicht mehr loslassen zu wollen. Da man mich für den Augenblick vergessen hatte, setzte ich mich auf einen Koffer und schaute mich um.

Irgendwie sah es ein bisschen so aus wie am Jahrestag

der russischen Revolution in Leningrad. Überall an den Wänden hingen Spruchbänder und rote Fahnen. Diese jedoch hatten statt Hammer und Sichel, die mir so vertraut waren, einen weißen Fleck in der Mitte mit einem Kreuz, dessen abgeknickte Ecken mich an ein Wagenrad erinnerten. Auch Mutter war, nachdem sie sich ein wenig beruhigt hatte, über diesen Flaggenreigen sehr erstaunt. »Heute ist doch der 9. November«, zischte ihr Lina zu. »Und was ist das?« Ich wollte es genau wissen. Statt einer Antwort erhielt ich jedoch einen Knuff in den Rücken. Lina drückte mir meinen Teddy in die Hand, schnappte sich einen Koffer und strebte dem Ausgang zu.

Wir fuhren, wieder mit dem Taxi, in unsere neue Wohnung. Sie lag in Pankow nahe des S-Bahnhofs Wollankstraße. Dort gab es eine schöne, bessere Seite nach Norden hin: das Schloss Niederschönhausen und die vielen kleinen Villen aus den dreißiger Jahren. An der Peripherie zum Wedding und Prenzlauer Berg im Süden dagegen lagen die riesigen Wohnblocks der Arbeiterviertel. Wir wohnten im bürgerlichen Kern. Die Gottschalkstraße war eine ruhige, gediegene Wohngegend.

In einem Mehrfamilienhaus hatten die Freunde meiner Eltern für uns eine schöne, geräumige Wohnung im zweiten Stock gefunden. Alles, was Mutter versprochen hatte, war in Erfüllung gegangen. Es gab eine Küche, ein Bad und ein Zimmer nur für mich allein, zwar noch spärlich möbliert, aber wir hatten Betten und es war warm. Die größte Überraschung entdeckte ich im Wohnzimmer. Auf einem etwas wackeligen Tisch neben dem alten Sofa stand ein Radio – und es funktionierte! Gleich am ersten Abend durfte ich mich nach einem ausgiebigen Bad und wunderbaren Bratkartoffeln zu den beiden Frauen setzen und den

Wunderapparat ausprobieren. Zuerst ertönte ein Marsch, der mir gefiel. Anschließend kamen nur Reden, die klangen sehr feierlich, waren aber entsetzlich langweilig. Alle sprachen Deutsch, das wunderte mich nicht lange, aber sie sprachen sehr scharf und laut. Meine erste Gedenkfeier der Helden des 9. November habe ich nicht zu Ende gehört. Ich war in Mutters Armen eingeschlafen.

Nur zwei Straßen von unserer neuen Wohnung entfernt lag die Volksschule, die erste Schule meines Lebens. Gleich nach unserer Rückkehr wurde ich hier eingeschult. Durch den ausgezeichneten Privatunterricht in Leningrad war ich bestens präpariert. Das Lernen fiel mir leicht und das ungewohnte Schülerinnendasein bereitete mir viel Freude. Auf eines hatte mich unser Hauslehrer allerdings nicht vorbereiten können, auf das Leben im Klassenverband. Wir waren eine reine Mädchenklasse. Unser Lehrer Herr Kern, ein grauhaariger älterer Mann, war eine Besonderheit, denn eigentlich gab es an unserer Schule fast nur Lehrerinnen. Viele der männlichen Kollegen waren im Ersten Weltkrieg gefallen. Herr Kern mutmaßte schon an meinem ersten Tag, dass ich mit dem neuen Leben meine Schwierigkeiten haben würde. Noch nie war ich mit so vielen Mädchen in einem Raum gewesen. Sie waren einfach interessanter als der Unterricht. Mein Blick wanderte von einer zur anderen, ich flüsterte mit meiner Nachbarin und war mit meinen Gedanken überall, nur nicht bei dem, was Herr Kern uns vortrug. Und da ich den Lernstoff spielend bewältigte, änderte sich meine Haltung in den folgenden Monaten nur wenig. So stand in meinem ersten Zeugnis unter der Rubrik »Aufmerksamkeit« ein vernichtendes »Ungenügend«.

Als mein Stiefvater im Dezember 1934 nach Berlin zurückkehrte, hatte er großes Glück. Er war einer der letzten Deutschen, die relativ problemlos aus der Sowjetunion ausreisen konnten. Die Familien nach uns hatten es weniger gut getroffen. Als ein Jahr später die stalinistischen Säuberungsaktionen begannen und die ersten großen Schauprozesse stattfanden, wurden kurzerhand die Grenzen geschlossen, auch für die ins Land geholten Ausländer, von denen manche bis nach dem Zweiten Weltkrieg dort festsaßen. Sie wurden für den Aufbau des Kommunismus sozusagen zwangsrekrutiert.

All das habe ich aber erst sehr viel später verstanden. Politik gehört nicht an den Esstisch und ist Männersache – das war die Devise, nach der unser Familienleben organisiert war. Ich kann mich nicht erinnern, je ein Gespräch meiner Eltern gehört zu haben, das sich um ein politisches Thema drehte. Jeden Morgen lag die Tageszeitung ordentlich gefaltet neben der Kaffeetasse meines Vaters. Wenn er sich zu Borsig auf den Weg machte – er fuhr täglich mit der S-Bahn nach Tegel – verschwand die Zeitung in seiner Aktentasche und ward nicht mehr gesehen. Ich habe sie nicht sonderlich vermisst.

Trotzdem hatte sich die Politik in mein Leben geschlichen, ohne dass ich es richtig bemerkt hatte, denn wie alle Heranwachsenden in der damaligen Zeit war ich Mitglied in den Jugendorganisationen der Nationalsozialisten. Zunächst einmal wurde ich ein richtiges Jungmädel mit weißer Bluse, Tuch mit Knoten und der dazugehörenden khakifarbenen Kletterweste, die wir »Affenjacke« nannten. Anfangs bin ich wirklich gern zu den Heimnachmittagen gegangen. Dort wurde gesungen und gebastelt. Wenn das Wetter gut war, übten wir Marschieren, was mich mit meinem etwas wilden Temperament viel Mühe kostete, aber irgendwie machte auch das Spaß.

Erst als ich im darauf folgenden Winter meine erste Sammelaktion für das Winterhilfswerk hinter mich bringen musste, ließ meine Begeisterung für die Jungmädels schlagartig nach. Ich hasste es, mit der Sammelbüchse auf der Straße zu stehen. In meiner Erinnerung war es immer schrecklich kalt. Die Finger wurden klamm und die Ohren froren uns beinahe ab. Das Schlimmste aber war die Langeweile. Niemand beachtete mich und meine Büchse. Ich stand wie angewurzelt da und beobachtete, wie die anderen Groschen um Groschen einsammelten. Einige waren richtige kleine Künstler, wenn es hieß, das Herz und die Portemonnaies der Passanten zu öffnen. Eine solche Begabung ist mir leider nie zuteil geworden. Ich fand es peinlich, Fremde anzusprechen für etwas, das ich eigentlich nicht so recht einsah. Warum stand ich hier in der Kälte? Auf meine paar Groschen kam es doch wohl nicht an. Davon konnte kein Volksgenosse – wie man das damals nannte – satt werden. In meiner Verzweiflung habe ich dann ein paar Pfennige und Knöpfe in meine Büchse getan und tüchtig geklimpert, damit es sich nach sehr viel anhörte. Aber auch das hat wenig geholfen. Mir fehlte der Antrieb und deshalb spendeten die Passanten lieber den kleinen Mädchen, die begeistert bei der Sache waren. Wann immer es ging, habe ich mich einfach verdrückt.

In meine Zeit als Jungmädel fiel auch der Berlin-Besuch des italienischen Außenministers Galeazzo Ciano. An jenem großen Tag sollten wir ihn begrüßen. Wir mussten Uniform tragen und waren schon Stunden vorher in den Tiergarten marschiert. Dort stellten wir uns in ziemlicher Hitze an der großen Achse auf, kleine italienische Fähnchen in der Hand, und warteten. Alle waren sehr aufgeregt, doch nichts passierte. Der Herr Außenminister ließ auf sich warten. Zu gern hätte ich mir einen Platz unter einem schattigen Baum gesucht, aber leider war dies verboten. Die Gruppen waren auf das Genaueste am Straßenrand ausgerichtet und sollten es auch bleiben. Mit der Zeit taten uns die Füße weh und die ganze Vorfreude begann sich zu verflüchtigen, als endlich ein Raunen durch die Menge ging. Die Wagenkolonne näherte sich. Vorneweg in einem wunderschönen offenen Auto ein gut aussehender Mann mit fescher Uniform, der Außenminister. Er winkte uns freundlich zu, wir schrien auf Kommando »Heil, Heil« und wirbelten mit den Fähnchen – und dann war auch schon alles vorbei. Kaum hatte sich die Kolonne entfernt, löste sich die so sorgsam geordnete Menge auf.

In dem wilden Durcheinander habe ich mich unbemerkt weggestohlen. Ich war ziemlich enttäuscht von dieser Veranstaltung. »Ihr werdet einen großen Augenblick erleben!«, hatte uns unser Fähnleinführer lange vorher immer wieder gesagt. »Es ist eine Ehre, einen so wichtigen politischen Verbündeten begrüßen zu dürfen!« Was für Erwartungen ich hatte! Würde er uns vielleicht sogar die Hand schütteln? Doch das erhabene Gefühl, von dem alle gesprochen hatten, hatte sich bei mir nicht eingestellt. Ich hatte nur Durst. Vorsichtig schlich ich mich tiefer in den Tiergarten und riss mir als Erstes das Pimpftuch vom Hals. Dann machte ich mich auf den Weg zu meiner Tante Therese, die ganz in der Nähe lebte. Um keinen Preis der Welt wäre ich noch einmal mit der ganzen Abteilung nach Pankow zurückmarschiert.

Als ich dann mit vierzehn Jahren wie jedes andere deutsche Mädchen auch in den BDM kam, hatte meine Begeisterung für das Gemeinschaftsleben schon merklich abgenommen. Jede Woche traf ich Mädchen, die ich eigentlich nicht mochte und mit denen ich überhaupt nichts anfangen konnte. Ich hasste die Uniform. Sie war einfach nicht kleidsam. Zudem war ich nicht der Typ für Drill und Sport und Lagerfeuerromantik. Mir reichten die sonntäglichen Ausflüge mit meinen Eltern in die brandenburgischen Wälder. Da musste ich schon genug laufen. Sooft es ging, entzog ich mich daher dieser lästigen Pflicht. Meine Mutter hatte glücklicherweise viel Verständnis für mich und schrieb die Entschuldigungen. Mal war ich krank, dann wieder hatte ich schulische Schwierigkeiten, brauchte Nachhilfe und so weiter. Die Fantasie meiner Mutter kannte keine Grenzen. Und ich hatte meine Ruhe, obwohl ich Mitglied blieb, sonst hätte ich noch nicht einmal das Abitur machen können.

Als ich langsam aus den Kinderschuhen herauswuchs und mich zu einer jungen Dame entwickelte, wurde unser Familienleben zusehends komplizierter. Meine Zusammenstöße mit dem Stiefvater häuften sich. Wir lebten in einer Art permanentem Kriegszustand. Einen größeren Gegensatz als ihn und mich konnte es nicht geben. Was immer ich mochte, verabscheute er. Mein noch kindliches Interesse an schönen Kleidern, Film, Musik, Theater, an Dingen, die das Leben annehmlicher machten, war für ihn Auswuchs meiner exaltierten Fantasie. Wann immer ich von etwas sprach, das mich freute oder faszinierte, konterte er barsch: »Träume sind Schäume, du kleine Gans! Setz dich lieber hinter deine Bücher!«

Angefangen haben unsere Auseinandersetzungen wegen meiner Haare. Während meiner ganzen Kinderzeit hatte ich dicke, lange Zöpfe, die ich zunehmend hasste. Jeden Morgen wiederholte sich das gleiche Ritual. Ich saß am Tisch und Mutter kämmte mir die Haare. Es ziepte, ich schrie, sie schimpfte. Als dann die Zöpfe meiner Freundinnen nach und nach im Papierkorb landeten, träumte ich von nichts anderem als einer schwungvollen Innenrolle. Jungen, die ich mochte, fanden eine solche Frisur einfach schöner. Aber Mutter ließ sich nicht erweichen. In Vaters Vorstellung hatte ein anständiges Mädchen Zöpfe zu tragen. Und ich hatte ein anständiges Mädchen zu sein und keine »Du-weißt-schon-was«. »Genauso wirst du werden, wenn du dich weiterhin vor allen Leuten mit aufgelösten Haaren und diesen Fähnchen zur Schau stellst!«, hatte mein Stiefvater geschimpft. Natürlich hatte ich nur eine vage Ahnung, worauf er anspielte, aber ich konnte und wollte meine Leidenschaft für so genannte Äußerlichkeiten nicht unterdrücken. Und so borgte und kaufte ich mir heimlich Filmprogramme, Modezeitungen, Haarspangen oder später auch Lippenstifte und versteckte sie, wie ein Alkoholiker seine Flaschen.

An meine Haare legte ich selbst Hand an. Mit der Zeit wurden die langen Zöpfe kürzer und kürzer und wieder und wieder fing ich mir Ohrfeigen ein. Oft saß ich vor dem Spiegel und wollte nichts lieber als so auszusehen wie die Frauen in meinen Zeitschriften. Als ich anfing, mir die Augenbrauen zu zupfen, wurde ich noch härter bestraft. Wenn das Argusauge meines Stiefvaters auf mich fiel, wurde eine Lampe ganz dicht vor mein Gesicht gezogen: »Das Kind hat sich doch die Augenbrauen gezupft!« Dann folgten Stubenarrest und Radioverbot. Mama versuchte zu vermitteln, doch der Graben zwischen Vater und mir war unüberwindlich.

Meine Eltern besaßen kein Auto und hatten auch kein Telefon. Obwohl mein Stiefvater inzwischen Werksdirektor bei Borsig war, fuhr er weiterhin jeden Tag mit der S-Bahn nach Tegel. Nicht den kleinsten Luxus haben sie sich gegönnt und alles Moderne abgelehnt.

Wenn ich neue Kleidung bekam, musste sie besonders qualitätsvoll sein. Ich trug immer noch Lodenmäntel, während alle anderen bereits nach der neuesten Mode gekleidet waren. Und was habe ich die Bleyle-Matrosenkleider verabscheut! War ich ein Stück gewachsen, so brauchte man nur am Saum und an den Ärmeln entsprechend anstricken zu lassen und schon passte das Kleid wieder. Statt der reinseidenen, hauchdünnen Strümpfe, die damals der letzte Schrei waren, kauften meine Eltern mir Strümpfe aus Wolle mit Seide plattiert. Sie glänzten zwar ein wenig, waren aber dennoch nicht das, was ich haben wollte. Die Krönung der für mich unerträglichen Kostümierung bildeten die Haferlschuhe, die ich tagein, tagaus tragen musste. Erst Mitte des Krieges, als ich schon beinahe achtzehn Jahre alt war, durfte ich mir endlich auf Bezugsschein ein Paar Pumps kaufen. Sie waren blau mit einem kleinen Absatz und ich habe sie geliebt. Wie immer wenn ich etwas besonders schön fand, habe ich auch diese Schuhe abends neben mein Bett gestellt, damit sie am nächsten Morgen das Erste waren, auf das mein Blick fiel.

Geschenke waren für mich nie etwas Selbstverständliches. Meine Eltern taten mir oft etwas Gutes und ich war sehr dankbar dafür. Doch tief im Innern hatte ich manchmal das Gefühl, nicht ganz verstanden zu werden, wie damals, als ich mir nichts sehnlicher als ein Paar weiße Schlittschuhe wünschte. Sie waren mein größter Traum, zumal meine Freundinnen, eine nach der anderen, diese eleganten Wunderdinger schon bekommen hatten. Und an Weihnachten dann lagen die ersehnten Schlittschuhe tatsächlich auf dem Gabentisch, doch – sie waren braun wie meine ungeliebten Haferlschuhe. Da durchlebte ich zum ersten Mal diesen seltsamen Wirrwarr aus Freude, Dankbarkeit und hilfloser Enttäuschung, der, je älter ich wurde, die Beziehung zu meinen Eltern zunehmend prägte.

Sie lebten sehr zurückgezogen. Ganz selten gingen sie ins Theater und sehr viel Besuch hatten sie auch nicht, bis auf die Tanten, die ab und an die Sonntagnachmittage bei uns verbrachten. Meine Eltern waren als Einheit sehr aufeinander bezogen, führten eine gutbürgerliche Ehe in einem geordneten Haushalt. Für mich gab es wenig Aufmerksamkeit und Platz, so wenig, dass mir manchmal die Luft zum Atmen fehlte. Jede Unordnung war ihnen verhasst und das Gefühlschaos, die Rebellion ihrer pubertierenden Tochter empfanden sie als persönliche Beleidigung ihres Lebensentwurfs. Als dann Anfang der vierziger Jahre der lang ersehnte Stammhalter, mein Bruder Fritz Michael, geboren wurde, fühlte ich mich noch unverstandener und überflüssiger. Das neue Glück aus Kindergeschrei, dem Geruch von nassen Windeln und lächerlicher Begeisterung über ein strampelndes Etwas mit einem roten, pausbackigen Gesicht löste in mir keine Verzückungsschreie aus. Vater und Mutter hatten einen neuen Lebensinhalt gefunden und ich suchte den meinen.

Auf dem Oberlyzeum der Anna-Magdalena-Bach-Schule, die ich von 1936 bis 1944 besuchte, hatte ich zwei neue Freundinnen gefunden, die Schwestern Nele und Sibylle Schnorr von Carolsfeld. Sibylle war meine Klassenkameradin, ihre Schwester Nele war zwei Jahre älter. Sie lebten mit ihren Eltern und der Großmutter in Berlin-Frohnau – mitten im Wald, dreißig Minuten zu Fuß von der nächsten Ansiedlung entfernt. Als ich dort zum ersten Mal zu Besuch war und diese interessanten, großzügigen und kulturvollen Menschen kennen lernte, hatte ich das Gefühl, angekommen zu sein. Ich war da, in meinem Paradies.

Der Vater war Kunsthistoriker am Berliner Schloss, ein vielseitig gebildeter, aufgeschlossener Mann. Er begegnete allen Menschen, auch uns Kindern, mit einer mir unbekannten Offenheit und Toleranz. Er war wirklich an uns interessiert und jederzeit für ein Gespräch bereit. Seine Frau frönte einer nicht ganz alltäglichen Leidenschaft, der Hundezucht. Sie züchtete Badlington Terrier und Afghanen-Windhunde, die zu jener Zeit in Deutschland noch wenig bekannt waren. Die Hunde bestimmten das Leben, denn alle waren vernarrt in sie. Ein Großteil des geräumigen Gartens war zur Unterbringung der einzelnen Hundezwinger umgestaltet worden. Jedes Familienmitglied hatte einen oder zwei seiner Lieblinge um sich geschart, sodass man auch in der alten, efeuberankten Villa überall von Hunden umgeben war. Und in der großen Küche wurde in riesigen Kochtöpfen das Fressen für die vielen Mäuler gekocht: eine Mixtur aus Haferflocken, Möhren und Pferdefleisch, bisweilen auch aus Abfällen vom Schlachthof, die meist schon ziemlich stanken.

Dieses lebhafte Durcheinander, die schönen Möbel – einige waren an Ecken und Beinen schon etwas angenagt, ebenso wie die Teppiche – die sympathischen Menschen, die leicht chaotische Bohemien-Atmosphäre und natürlich besonders die Hunde – all das war nach meinem Geschmack. Am meisten beneidete ich meine Freundinnen um die Freizügigkeit und die Selbständigkeit, in der sie aufwuchsen – und um das Vertrauen, das die Eltern ihren Kindern entgegenbrachten. Kein Wunder, dass ich immer glücklich war, wenn ich aus der Enge meines eigenen Zuhauses zu den »Carolsfelds« flüchten konnte.

Schon in der S-Bahn nach Hohen-Neuendorf wurde mir immer leichter ums Herz. An Wochentagen waren die Waggons spärlich besetzt und ich konnte mich ganz meiner Vorfreude hingeben. Später, während des Krieges, habe ich mit geschultem Blick den Boden nach Zigarettenkippen abgesucht. Da auch die Toleranz der Schnorr von Carolsfelds ihre Grenzen hatte und wir ohne Marken nicht an Zigaretten gekommen wären, sammelten wir Kippen zum Selbstdrehen. Noch heute sehe ich Sibylle, Nele und ihre Freunde – die beiden Mädchen hatten nämlich schon richtige, männliche Freunde – mit Zeitungspapier auf den Knien und einer Schere in der Hand. Die abgebrannten Enden wurden feinsäuberlich abgeschnitten, das Zigarettenpapier vorsichtig aufgerissen und der Tabak gesammelt. Nicht ein Krümelchen durfte verloren gehen von dem, was einmal »Halbe Fünf« oder »Attika« gewesen war! Aus diesen Resten rollten wir uns unsere »Lullen«, die wir anschließend rauchten: ein aufregender Genuss, denn schließlich taten wir Verbotenes. Mitunter übten wir sogar, auf Lunge zu rauchen, was mir immer schlecht bekam und in einem Hustenanfall endete.

Die große Nele, die ich wegen ihrer Eleganz und Sicherheit sehr bewunderte, war vor dem Krieg bei Freunden in England gewesen und hatte sich von dort zwei Paar Pumps mit sehr hohen Absätzen mitgebracht – in Braun und Dunkelblau. Und meine Freundin Bille hatte ebenso schicke schweinslederne Sportschuhe mit dicker Gummikreppsohle – so etwas hatte ich noch nie zuvor gesehen. Und da

Freundinnen alles teilen, trugen Bille und ich diese Schuhe gemeinsam, bis die Sohlen Löcher hatten. Leider fand sich niemand, der sie reparierte, und so legten wir dicke Pappsohlen hinein.

Auch Nele war sehr großzügig mit ihren Pumps. Immer mal wieder durfte ich sie mir ausleihen. Allerdings waren ihre Füße mindestens zwei Schuhnummern größer als meine! Diese Nebensächlichkeit hielt mich jedoch nicht davon ab, mir einen großen Auftritt zu gönnen: Die Spitzen stopfte ich mit Papier aus und wackelte mehr schlecht als recht, aber sehr stolz in die Stadt zum Ku'damm – mit einem Afghanen an der Leine. Ich kam mir richtig erwachsen und mondän vor. So musste die große, weite Welt sein. In diesen Augenblicken entwickelte sich in mir ein Gefühl für mein Aussehen. Neben viel amüsiertem Lächeln der Vorübergehenden erntete ich auch den einen oder anderen anerkennenden Blick, sodass ich mich zum ersten Mal als hübsch empfunden habe. Ich fühlte, dass ich mich zu einem ansehnlichen Backfisch entwickelt hatte, und ich war glücklich, nicht mehr nur ein Kind zu sein. Allmählich fand ich es auch wichtig, Jungen zu gefallen, obwohl ich noch nicht so viel mit ihnen anfangen konnte.

Als wir endlich unseren vierzehnten Geburtstag hinter uns gebracht hatten, unterrichtete Nele ihre Schwester Bille und mich in der Kunst des Schminkens: mit einem leichten Rouge und einem dezenten Lippenstift der Marke »Kasana«. Kasana-Lippenstifte sahen fast farblos aus, dunkelten durch die Wärme der Lippen jedoch nach. Natürlich hatte dies noch wenig mit wirklichem Schminken zu tun, es war nur ein Hauch von farblicher Frische, den wir damit auf unser Gesicht zauberten. Wir fühlten uns einfach gut! Bei einer dieser Sitzungen bekam ich von

Nele eine kleine Puderdose mit einer Plexiglas-Elfe auf dem Deckel, in dem »Made in England« stand. Ich war unglaublich stolz auf dieses Geschenk und hütete es wie meinen Augapfel.

An einem Sommertag 1941, als es so schön und warm war wie kaum sonst, durfte ich mit Bille und Nele ins Schauspielhaus am Gendarmenmarkt! Meine Eltern hatten mir diesen Besuch großzügigerweise erlaubt, denn ich war inzwischen beinahe sechzehn Jahre alt und Bildung konnte nicht schaden. Auf dem Programm stand Grillparzers »Des Meeres und der Liebe Wellen« und für die so begehrten Karten hatten wir uns eine Nacht lang mit Decke und Schemel angestellt.

Voller Vorfreude machte ich mich auf den Weg zum S-Bahnhof Wollankstraße, wo ich mich mit den beiden verabredet hatte. Auf der Straße blickte ich mich noch einmal um und winkte meiner Mutter, die am Erkerfenster stand. Nun war ich frei. In meinem weißen Organdy-Kleid mit zarten, eingewebten Streublümchen und Puffärmeln schlenderte ich den Bürgersteig entlang. Um die noch etwas kindlich runde Taille trug ich ein hellblaues, zur Schleife gebundenes breites Samtband. Den duftigen Stoff hatte ich mir im »Indanthren«-Haus in der Leipziger Straße auf »Kleiderkarte« kaufen dürfen. Genäht hatte ich es ganz allein, zum großen Teil sogar mit der Hand.

Ich genoss es, in diesem Kleid an den Leuten vorbeizuschweben. Nele, Bille und ich hatten lange an einem wippenden Gang geübt, der auch in geliehenen Pumps erstaunlich gut funktionierte. Meine Lebensfreude muss in einem eigenartigen Gegensatz zu den vielen müden Menschen gestanden haben, die mir entgegenkamen. Es war ungefähr sieben Uhr abends und die meisten hatten einen schweren Arbeitstag hinter sich. Es waren hauptsächlich Frauen, die mir, von Sorgen und Überarbeitung gezeichnet, auf der Straße begegneten. Männer waren so gut wie gar nicht zu sehen, zumindest nicht solche, die mich interessiert hätten. Entweder waren sie zu alt und hätten meine Großväter sein können oder sie waren einfach zu jung.

Am S-Bahnhof angekommen, ging ich sofort auf die Damentoilette, um mich noch schöner und erwachsener zu machen. Das hatte ich natürlich nicht zu Hause machen können. Auf der Fensterbank breitete ich meine Utensilien aus, öffnete die zum Mozartzopf geflochtenen Haare, puderte Nase und Stirn aus besagter Puderdose, zog mir die Augenbrauen nach und benutzte den Kasana-Lippenstift. Zum Schluss noch etwas rosafarbener Nagellack! Alles musste sehr schnell gehen. Ich hatte schon richtig Übung darin. Mein Spiegelbild gefiel mir zusehends.

Mein verändertes Aussehen und die Vorfreude auf den Theaterbesuch machten mich immer ausgelassener. Das würde ein wunderbarer Abend werden. Vergnügt verstaute ich meine Sachen und verließ die Damentoilette, um im gleichen Augenblick zur Salzsäule zu erstarren. Denn plötzlich tauchte in der grauen Masse Mensch, die aus dem Bahnhof drängte, eine vertraute Gestalt auf. Der Anblick durchfuhr mich wie ein Blitz und ich wäre am liebsten auf die Größe einer Maus geschrumpft. Doch mein Stiefvater fixierte mich bereits wie ein Jäger seine Beute. Wie gebannt blieb ich stehen und fragte mich verzweifelt, wo um alles in der Welt er um diese Zeit herkam. Als Direktor bei Borsig war er unabkömmlich gestellt, musste dafür aber von morgens um sechs bis spät in den Abend in seiner Firma sein. Selten verließ er Tegel vor 19 Uhr. Ausgerechnet heute hatte ich so einen Tag erwischt.

Zornesröte war in sein Gesicht gestiegen und seine Stirn hatte sich in Falten gelegt.

Als er direkt vor mir stand, zischte er mir nur zwei Worte zu: »Komm mit!« Ein Befehl wie Donnerhall. Schnell zog er mich in eine Ecke des Bahnhofs. Seine Hand umklammerte meinen Arm wie ein Schraubstock und hinterließ hässliche rote Striemen, die heiß brannten. Und schon wurde ich einem Verhör unterzogen.

»Wie kommt dieser Anstrich auf dein Gesicht? Her mit dem Zeugs!«

Mir blieb nichts anderes übrig, als meine Tasche zu öffnen und ihm Lippenstift und Puderdose zitternd auszuhändigen. Zeit, dem Verlust dieser Kostbarkeiten nachzuweinen, hatte ich nicht, denn bevor ich es überhaupt begreifen konnte, knallten zwei Ohrfeigen rechts und links in mein Gesicht. Sie klatschten so laut, dass Vorübergehende erstaunt zu uns herübersahen. Der Schmerz wäre zu ertragen gewesen, doch die Demütigung nicht. Ich war immerhin schon sechzehn Jahre alt! Und nun diese Schmach. Schlimmer konnte man auch kein Kind behandeln. Mindestens ebenso schlimm aber war der Verlust meines einzigen Lippenstifts und der unschätzbar wertvollen englischen Puderdose. Wie hatten mich meine Freundinnen darum beneidet.

Mein Stiefvater war ein Mensch mit strikten Prinzipien. Dass ordentliche Frauen sich nicht schminkten, gehörte ebenso dazu wie seine Haltung, über Unangenehmes nicht zu sprechen. Als im November 1938 die Synagogen brannten und jüdische Geschäfte zerstört wurden, ging unser Familienleben weiter, als wäre nichts geschehen. Was man nicht ansprach, gab es für uns nicht. Wenn ich Fragen stellte, so wurden sie einfach vom Tisch gewischt. »Das geht uns nichts an! Das ist Sache der Politiker!« Mit den Jahren hatte ich mir diese Lebensweise zu Eigen gemacht. Fragen zum Tagesgeschehen im Dritten Reich kamen mir nicht mehr in den Sinn, nachdem mir in der Schule, beim BDM oder durch meine Eltern immer ganz einfache Erklärungen aufgedrückt wurden.

Doch mit Ausbruch des Krieges kam selbst ein so harmloses Gemüt wie ich nicht umhin, gewisse Veränderungen zu bemerken. Der Überfall auf Polen und die Nachbarländer war systematisch vorbereitet worden, wovon ich nichts mitbekommen hatte. Die vielen Aufmärsche, Fahnen und markigen Reden der Nationalsozialisten schienen irgendwie zwangsläufig in den Krieg zu führen, wie ein unabänderliches Schicksal. Doch der Gleichschritt immer und überall hatte mich nicht erfasst – mit meinen geliebten Pumps wäre es auch nicht gegangen. Auf den Gesichtern meiner Eltern machten sich allmählich Sorgenfalten breit, obwohl sich für uns zunächst wenig änderte, da mein Stiefvater unabkömmlich gestellt war. Anders als die vielen jungen Männer, mit denen wir Mädchen gerade noch poussiert hatten, wurde er nicht eingezogen. Wie in Friedenszeiten fuhr mein Stiefvater auch jetzt jeden Morgen mit der S-Bahn zu Borsig. Doch meine Mutter war fahriger als sonst und schreckte bei jedem Klingeln hoch. Eines Tages nahm sie mich beiseite. Sie hatte furchtbare Angst um meinen Stiefvater. »Stell dir vor, er begrüßt seine Belegschaft morgens immer mit ›Guten Morgen, meine Herren‹!« Daran konnte ich eigentlich nichts finden, bis sie mir erklärte, wie gefährlich es gerade in Kriegszeiten in einem kriegswichtigen Betrieb war, den Hitler-Gruß zu verweigern. Durch diese Sorge erst wurde ich ein wenig aufmerksamer für das, was um mich herum geschah.

Ungefähr zu jener Zeit sind wir an einem schönen Spätsommertag nach Krumme Lanke gefahren. Es war wie früher und viele Berliner hatte die gleiche Sehnsucht nach Sonne und Frieden hinausgetrieben. Die S-Bahn war voll besetzt. Ich stand neben meinen Eltern, die gerade noch einen Sitzplatz ergattert hatten. An irgendeiner Station stieg eine ärmlich gekleidete ältere Frau in den Zug, die sich geduckt in eine Ecke verzog. Als mein Stiefvater sie bemerkte, stand er auf und bot ihr seinen Platz an. Da erst sah ich den Judenstern auf der linken Seite ihres Mantels. Wieder einmal dachte ich mir nichts dabei. Meiner Mutter allerdings stand die Angst im Gesicht geschrieben. Sie wurde sehr nervös vor Furcht, einer der anderen Fahrgäste würde auf das provozierende Verhalten meines Vaters reagieren. Doch nichts passierte. Bei aller politischen Ignoranz gab es für meinen Stiefvater allgemeine Prinzipien, an denen nicht zu rütteln war. Älteren Damen macht man einfach Platz, Jüdin hin oder her, das gehört sich einfach so.

Von der Judenverfolgung habe ich fast gar nichts mitbekommen. Ich hatte keine jüdischen Mitschülerinnen und auch in unserer unmittelbaren Umgebung gab es keine Juden mehr. Auf der Straße bin ich natürlich immer mal wieder Menschen mit dem Judenstern begegnet, aber ich war jung und habe mich schlichtweg nicht dafür interessiert. »Das geht uns nichts an!« Dieser Satz war mir in Fleisch und Blut übergegangen. Da waren mir die Hunde in Frohnau wichtiger, das ganze Leben dort und in der Stadt, die Musik, meine kleinen Freiheiten, das Schülertheater, Kleider, die ich mir schon damals selber nähte, an all diesen Dingen hing mein Herz. Politik, die

Propaganda, der BDM, das alles war mir vollkommen gleichgültig.

Weil Krieg war, fuhren von nun an die Straßenbahnen mit abgedunkelten Scheinwerfern. Auch zu Hause mussten wir abends die Rollos schließen, deren Dichtigkeit regelmäßig vom Blockwart überprüft wurde. Uns wurde eingeschärft, bei Alarm sofort in den Keller zu gehen. Mutter hatte bereits einen Notkoffer gepackt, doch Fliegeralarm gab es damals noch nicht. Stattdessen war täglich der Donner der Siegesfanfaren zu hören. Ein Land nach dem anderen kapitulierte vor unserer Armee: Europa, Afrika, dann die Sowjetunion. Es ging so schnell vorwärts, dass letztlich alles möglich schien. Nur wenige ahnten bereits, was für ein Totentanz es werden würde.

Im Dezember 1941 hatte ich große Pläne. Meine beste Freundin Sibylle Schnorr von Carolsfeld sollte im folgenden Jahr die Anna-Magdalena-Bach-Schule verlassen, um in Salem die Prima mit dem Abitur abzuschließen. Salem, so recht konnte ich mir nichts darunter vorstellen. Ein Internat für Mädchen und Jungen, exklusiv noch dazu, ziemlich weit weg von Berlin und meinen Eltern, das genügte, um mich auf der Stelle dafür zu begeistern. Ich wollte es Sibylle gleichtun und quälte meine Eltern mit diesem Wunsch. Zunächst erhielt ich ein striktes »Nein« auf meine Frage: »Ganz ausgeschlossen! Wie kommen wir dazu, diese Flausen zu finanzieren! Du wirst doch sowieso Gymnastiklehrerin. Dafür reicht auch das Abitur auf der Anna-Magdalena-Bach-Schule!« Mein Stiefvater war unerbittlich.

Als ich eines Abends wieder einmal viel zu spät aus Frohnau zurückkam und mich in Erwartung eines gehörigen Donnerwetters leise in die Wohnung schlich, war alles dunkel und unerwartet still. Niemand schien zu Hause zu sein. Erleichtert beschloss ich, mich sofort schlafen zu legen. Eher zufällig ging ich noch einmal ins Wohnzimmer und schrak sofort zurück. Dort hockten meine Eltern ohne Licht direkt vor dem Radio, aus dem kaum hörbar eine Stimme drang. »Was ist …?« Weiter kam ich nicht. »Sei still! Tür zu und setz dich!«, zischte mich mein Stiefvater an. Erst da dämmerte es mir: Meine Eltern hörten den Feindsender! Mein überkorrekter Vater hatte – jedenfalls in meiner Wahrnehmung – noch nie zuvor gegen ein offizielles Verbot gehandelt. Selbst ich, die ich politisch völlig ahnungslos war, wusste, was solch ein Vergehen nach sich ziehen konnte. Ich konnte es nicht fassen. Etwas Entscheidendes musste passiert sein und das machte mir Angst. Als die Nachrichten beendet waren und das Radio längst wieder auf den deutschen Sender eingestellt war, machte meine Mutter Licht.

Noch Stunden saßen wir am großen Tisch und sprachen zum ersten Mal wirklich miteinander. Amerika war in den Krieg eingetreten, der deutsche Vormarsch vor Moskau zum Stillstand gekommen, ein Menetekel, wie mein Stiefvater meinte. Nie zuvor und auch niemals später haben wir uns so offen und ernsthaft unterhalten. Ungewöhnlich genau hat er in diesem Gespräch vorausgesehen, welche Wendung der Krieg nehmen und was es für Berlin bedeuten würde. Am Ende des Abends stand fest, ich durfte nach Salem. Mutter und mein kleiner Bruder sollten zu Verwandten nach Küstrin aufs Land geschickt werden. »Nur weg aus Berlin, denn jetzt geht's erst richtig los!«

Keine drei Monate später saßen Sibylle und ich in einem Zug nach Überlingen. Die Fahrt zog sich hin, von Berlin nach Frankfurt, dort umsteigen in den Zug nach Stuttgart, wo wir gerade noch den Bummelzug zum Bodensee erwischten. Unsere Koffer waren gefüllt mit der vorgeschriebenen Ausstattung. Besonders elegant waren diese Kleidungsstücke nicht, aber das störte mich wenig, so wenig wie die anstrengende Bahnfahrt. Ich war einfach nur glücklich und gespannt. Zum ersten Mal ganz auf mich gestellt, ohne väterliche Kontrolle, mit meiner besten Freundin, die zu mir hielt. Ich war frei! Was konnte das Leben mehr bieten?

Die Ernüchterung folgte auf dem Fuß. Salem war 1942 nicht mehr die Schule, die einmal von Kurt Hahn und Max von Baden gegründet worden war. Ziel der Gründerväter war es einst gewesen, die Schüler zu humanistisch gesinnten, ehrlichen, toleranten und arbeitsamen Menschen zu erziehen. Ihr moralischer Anspruch war hoch gewesen und der Einzelne hatte vor allem lernen sollen, sich ganz der gemeinsamen Sache hinzugeben. Nach Hahns Vertreibung durch die Nazis war es Dr. Blendinger, der die Schule seit 1934 leitete, zwar gelungen, Grundlegendes hinüberzuretten, aber die neuen Unterrichtsmethoden waren geprägt von einer eigenartigen Mischung aus humanistischen und nationalsozialistischen Bildungsidealen.

Körperlicher Drill und Einordnung waren oberstes Prinzip. Alles, was ich beim BDM verachtet hatte, holte mich nun mit Macht ein. Andauernd wurde Sport betrieben, jeder Schüler kämpfte verbissen um gute Noten und opferte seine Freizeit der Schule. In Berlin hatten Sibylle und ich uns noch über Ehrgeiz und Gruppenzwang lustig gemacht, doch hier gelang es ihr sofort sich einzufügen, ja, sogar Spaß an unserem neuen Leben zu finden. Ich hingegen hatte das Gefühl, vom Regen in die Traufe gekommen zu sein.

Niemals hätte ich mir vorstellen können, dass das Internatsleben mich noch stärker reglementieren würde als meine Eltern. Ich sehnte mich plötzlich nach ihnen und nach Berlin. Ich hatte richtig Heimweh.

Ein Jahr, in dem ich ständig Bittbriefe nach Hause schrieb, musste vergehen, bis ich endlich nach Pankow zurückkehren durfte. Meine Mutter war noch in Küstrin, deshalb musste ich mein Schicksal selbst in die Hand nehmen. Ganz kleinlaut suchte ich jenes Sekretariat auf, aus dem ich zwölf Monate zuvor so stolz herausgeschwebt war, und meldete mich in der Schule zurück. Ich hatte Glück und wurde wieder aufgenommen. In Berlin blieb ich dennoch nicht sehr lang. Denn kurze Zeit später wurden wir mit der Schule nach Zakopane in den Karpaten verschickt, wo wir geschützt vor den Bomben unser Abitur machen sollten.

5 Anfang im Untergang

Der Sommer und Winter im verträumten Zakopane verliefen äußerlich ruhig, fast wie zu Friedenszeiten. Rund ein Jahr blieb ich mit meiner Klasse in den Karpaten. Im Frühjahr 1944 haben wir dort das Abitur abgelegt. Nachdem man uns mit einer traurigen Abschiedsfeier offiziell aus dem Schülerdasein entlassen hatte, bin ich sofort nach Berlin zurückgekehrt. Meine Mutter und mein kleiner Bruder lebten immer noch in der Nähe von Küstrin.

Langsam trat der Krieg in seine letzte Phase. In Salem und später in Zakopane hatte ich mir keine Gedanken darüber gemacht, welche Auswirkungen die Kriegshandlungen auf mein Leben haben könnten. Sie schienen so weit entfernt. Doch nun flogen Nacht für Nacht die Bomberverbände Richtung Berlin. Unsere Fenster waren inzwischen alle verbarrikadiert. Zu Bruch gegangenes Glas konnte nicht mehr sofort ersetzt werden. So saß ich auch tagsüber im Halbdunkel, mitten im schönsten Frühlingswetter, und überlegte, wie ich dem drohenden Arbeitsdienst entgehen könnte.

Dieser Dienst für Volk und Vaterland hing über mir wie ein Damoklesschwert. Was nützte es, mir einzureden, dass jedes Mädchen, jede junge Frau – gerade in Kriegszeiten –

dazu verpflichtet war. Und vielen mag es so wie mir ergangen sein: Auch sie hatten vermutlich wenig Lust dazu, doch sie unterwarfen sich der Pflicht.

Immer öfter fielen jetzt selbst bei Tag zahllose Bomben auf Berlin. Die Angriffe verängstigten mich und nahmen mir viel von meiner Lebenszuversicht. Eines Nachts im Keller, als es wieder einmal besonders laut pfiff und krachte, wurde mir schlecht. Den ganzen Tag über hatte ich schon ein leichtes Ziehen in der Leistengegend gespürt und je näher die Bomberverbände kamen, desto stärker wurde es. Als der Angriff vorüber war, saß ich zitternd wie ein Häufchen Elend auf einer Kiste und krümmte mich vor Schmerzen. »Wenn det man nich der Blinddarm is!« Unsere mütterliche Nachbarin tätschelte mir die Wange. »Kindchen, geh man gleich zum Arzt. Is ja sowieso schon Morgen!« Draußen in der aufgehenden Sonne ließen die Schmerzen schlagartig nach. Vielleicht hatte ich einfach nur schreckliche Angst gehabt. Die Art, mit der mich alle bemutterten, gefiel mir und mit einem Mal witterte ich die Chance, den Arbeitsdienst nicht antreten zu müssen.

Ich schilderte dem Arzt schwer atmend die Symptome, die längst verschwunden waren, krümmte mich effektvoll und stöhnte laut auf, als er meinen Bauch abtastete. »Blinddarm, kurz vor dem Durchbruch«, lautete seine Diagnose. »Die Kleine muss sofort operiert werden!« Noch am gleichen Tag hielt mir eine Schwester die Äthermaske vor die Nase. Nach der Operation hatte ich einen Sandsack auf der Narbe und fühlte mich sterbenselend. Mein Ziel aber hatte ich erreicht. Ich war vom Arbeitsdienst vorerst befreit: »Bis auf weiteres zurückgestellt!«

Endlich konnte ich mich meiner Zukunft widmen. Was ich wirklich anfangen wollte, davon hatte ich zwar noch keine rechte Vorstellung. Nur was ich nicht machen wollte, wusste ich genau. Niemals würde ich Gymnastiklehrerin werden, wie es meinem Stiefvater vorschwebte. Einige Freundinnen, die ich sehr beneidete, gingen direkt nach dem Abitur auf eine damals ganz berühmte Schauspielschule in der Xantener Straße, die private Schauspielschule Lilly Ackermann. Die Ausbildung dort kostete aber viel Geld, das ich niemals von meinen Eltern bekommen hätte. Wahrscheinlich hat meine Mutter bewusst oder unbewusst versucht, das Erbe meines leiblichen Vaters in mir zu unterdrücken. Es war ihre Antwort auf die enttäuschende Ehe mit einem Künstler. Sie kannte meinen Traum, einen künstlerischen Beruf zu ergreifen, zeigte aber wenig Vertrauen in meine Fähigkeiten und in den damit verbundenen Lebenswandel.

An einem Sommernachmittag noch vor meiner Zeit in Salem, ich muss ungefähr sechzehn Jahre alt gewesen sein, begleitete ich meine Mutter auf einem ihrer täglichen Spaziergänge mit meinem kleinen Bruder. Wir schlenderten durch die Straßen vorbei an Häusern, deren Fenster weit geöffnet waren. Irgendwo aus einem der oberen Stockwerke drang eine wunderschöne Gesangsstimme. Sie klang sehr professionell und kräftig. Da übte jemand und es lohnte sich. Wir blieben einen Augenblick stehen, um zuzuhören. Plötzlich sah meine Mutter mich an. »Du hast ja eigentlich auch eine sehr feine Stimme.« Sie lächelte verschmitzt, als sie fortfuhr: »Weißt du noch, wie du einmal als kleines Mädchen so eine heftige Halsentzündung gehabt hast?« Auf einmal lachte sie ganz eigenartig. »Ich habe dich damals sehr genau untersuchen lassen. Du hast hinten auf den Stimmbändern kleine Knötchen, die machen deine Stimme unsauber und auch schwächlich.«

Sie seufzte glücklich. »Natürlich könnte man operieren. Dann hättest du wahrscheinlich eine glasklare, wunderbare Stimme. Aber zum Glück brauchst du das ja nicht!« Damit drehte sie sich um und das Thema war für sie zumindest ein für alle Mal erledigt.

Da ich keine Chancen sah, eine Bühnenausbildung zu beginnen, entschied ich mich für ein Handwerk. »Lern erst mal einen anständigen Beruf, dann kannst du selber sehen, wie du weiterkommst!«, hatte mir mein Stiefvater während einer unserer endlosen Diskussionen geraten. Als ich nun mit meinem Berufswunsch kam, Cutterin beim Film werden zu wollen, war er zunächst sprachlos. Film, schon der Gedanke daran schreckte ihn. Aber ich sollte doch ein solides Handwerk erlernen, so hatte er es mir doch geraten. Da konnte er nicht viel entgegensetzen.

Meine Freundin Inge Pistor, die bereits Cutterin in Babelsberg war, verschaffte mir einen Vorstellungstermin beim Direktor in der Tonabteilung der Tobis. Und ich hatte Glück, ich erhielt eine Lehrstelle. Man schickte mich sofort in den Schneideraum, wo an dem Film »Menschen unter Haien« von Hans Hass gearbeitet wurde.

Von der Pieke auf habe ich dann dieses Handwerk erlernt. Zu meinen ersten Aufgaben gehörte das Nummerieren der Filme. Mit winzig kleinen Zahlen musste ich die einzelnen Bilder beschriften. An komplizierten Maschinen wurde mir gezeigt, wie und wo ich schneiden musste. Anschließend wurden die frischen Schnitte mit einem Messer aufgeraut, die hauchdünne Kante mit Klebstoff bestrichen und mit einem neuen Stück Film zwischen zwei Hölzern aneinander gepresst. Gekonnt gemacht war dieser neu geklebte Schnitt für das Auge des Betrachters unsichtbar. Doch es brauchte seine Zeit, bis ich diese hohe Kunst richtig beherrschte.

Alles, was ich tagsüber geklebt und geschnippelt hatte, wurde am Abend vom Regisseur und seinem Stab angesehen. »Muster anschauen« nannten sie das. Da saßen dann der Regisseur, die Cutterin und ihre Assistentinnen, zu denen ich mich aber noch nicht rechnen durfte, denn ich war ja nur eine Kleberin, und kontrollierten die Tagesarbeit. Manchmal waren auch Schauspieler dabei wie Hans Albers, der gern in den Schneideraum kam. Ab und zu allerdings löste sich eine Schnittstelle. Dann musste ich blitzschnell alles wieder kleben.

Da diese Sitzungen oft bis spät in die Nacht gingen und im Sommer 1944 die Bombenangriffe immer schlimmer wurden, konnte ich nicht jeden Tag zwischen der elterlichen Wohnung in Pankow und meinem Arbeitsplatz hin- und herfahren. So durfte ich mir bei einer Familie in Babelsberg-Nowaves ein möbliertes Zimmer nehmen. Mein erstes eigenes Domizil, auf das ich mächtig stolz war.

Wenn ich morgens noch etwas unausgeschlafen auf das Gelände der Ufa trottete, herrschte dort schon geschäftiges Treiben. Mit sehnsüchtigen Blicken verfolgte ich die Schülerinnen und Schüler der Ufa-Nachwuchsschule, die von bekannten Lehrern zu Hoffnungsträgern der Filmindustrie ausgebildet wurden. Beinahe täglich begegnete ich auch jungen Stars, unter ihnen Hildegard Knef und Margot Hielscher, die ich aus der Entfernung heftig verehrte. Sie waren so wunderschön und standen dort, wo auch ich immer hinwollte: im Rampenlicht.

Eines Tages habe ich meinen ganzen Mut zusammengenommen und bei Ilse Bongartz, der Leiterin der Nachwuchsschule, vorgesprochen. Sie betrachtete mich von oben bis unten und nickte. »Könnte hinkommen! Dann lernen Sie mal was auswendig, damit ich Sie sprechen höre.« Ich sollte zwei oder drei Monologe aus unterschiedlichen Stücken auswählen. »Lassen Sie sich aber um Gottes willen nicht helfen, bitte nichts mit anderen einstudieren! Ich will Sie so sehen und hören, wie Sie die Rollen verstehen.«

Ich habe ihren Rat befolgt. Am liebsten hätte ich niemandem von meinem Vorhaben erzählt, denn ich war mir sehr unsicher, wie das Vorsprechen ausgehen würde. Eine Blamage, von der niemand etwas wusste, wäre für mich leichter zu ertragen gewesen. Doch vor den Kolleginnen im Schneideraum konnte ich mein Vorhaben beim besten Willen nicht verheimlichen.

Am selben Abend noch holte ich die alten Reclamheftchen hervor. Nach längerem Suchen fand ich, was ich wollte. Ich entschied mich für einen Monolog der Elisabeth aus »Maria Stuart«, außerdem für den berühmten Monolog der Heiligen Johanna »Lebt wohl, ihr Berge, ihr geliebten Triften …« und schließlich noch für eine Stelle aus einer zeitgenössischen Komödie. Ich hatte dieses Stück, das äußerst lustig ist, im Kino gesehen und mir mit viel Glück das Skript besorgen können. Ein schwer wiegender Nachteil allerdings war, dass es in bayerischer Mundart ist, und die beherrschte ich überhaupt nicht. Hinzu kam, dass ich bis dato noch nie öffentlich aufgetreten war. Selbst im Schülertheater war ich nie Darstellerin gewesen, sondern immer nur Souffleuse. Schon bei dem bloßen Gedanken an das Vorsprechen starb ich beinahe vor Lampenfieber.

Es war für die Mittagspause angesetzt und sollte, da alle Proberäume belegt waren, in einem Abstellraum stattfinden. Die Stunden davor hatte ich im Schneideraum verbracht, die Reclamhefte auf dem Schoß und ein Fläschchen Brom vor mir. Irgendjemand hatte es mir in die Hand gedrückt. »Zur Beruhigung!« Das viele Brom tat seine Wirkung – leider nicht so, wie ich es mir erhofft hatte. Mit ziemlichen Koordinationsproblemen schleppte ich mich zum abgemachten Treffpunkt und wankte zwischen Requisiten und gestapelten Stühlen zu der einzig größeren freien Fläche. Dort hatte Ilse Bongartz bereits Platz genommen, zwei weitere Kollegen standen mit verschränkten Armen hinter ihr und nun sollte ich beginnen.

Nichts erinnerte hier an Theateratmosphäre. Mein Hirn war schlagartig leer. Noch Minuten zuvor hatte ich den Text heruntergerasselt und nun war alles wie weggeblasen. Ich schnappte nach Luft, starrte entsetzt mein Publikum an und stammelte die ersten Sätze. Ohne jedes Textgefühl stotterte ich mich durch die erlernten Passagen. Es muss mitleiderregend und komisch zugleich gewesen sein. Noch Jahre später haben Ilse Bongartz und ich über diesen Auftritt lachen müssen. Damals jedoch war mir eher zum Heulen zumute. Als ich endlich fertig war, legte sie mir mütterlich die Hand auf die Schulter. »Beim nächsten Mal klappt es sicherlich!«, tröstete sie mich.

Wenige Tage nach diesem Desaster wurde ich dennoch zu Probeaufnahmen bestellt, bei denen ich mich allerdings nur vor der Kamera bewegen sollte, etwa eine Vase von rechts nach links tragen und Ähnliches. Dazu hatte ich mein bestes Kleid angezogen, die Haare fielen offen über meine Schultern und ich kam mir wunderschön vor. Wie diese Aufnahmen ausgefallen sind, konnte ich nicht mehr erfahren. Denn kurz danach wurde die Nachwuchsschule ebenso wie die Ufa geschlossen.

Der letzte Film, der auf dem Gelände abgedreht wurde, war »Kolberg« von dem Berliner Regisseur Veit Harlan, der noch im Januar 1945 in Berlin uraufgeführt wurde. Der Film war erst im August 1944 fertiggestellt worden, so dass ich in der Schlussphase der Produktion noch als Klebemäuschen im Schneideraum mitwirken konnte. Der Film passte gut in die Kriegspropaganda vom Durchhalten und Endsieg. Zugleich war er ein trauriger Abgesang auf meine Karrierepläne beim Film.

Nachdem in Babelsberg endgültig die Lichter ausgegangen waren, landete ich in einer kleinen Maschinenfabrik am Alexanderplatz, in der ich im dritten Hinterhof an einer Drehbank stand und im Akkord kleine Eisenteile nach einem genau vorgegebenen Muster beschneiden musste. Von morgens sechs bis abends spät die immergleichen Handbewegungen, Lärm und der Gestank von Schmiermitteln. Eine schreckliche Arbeit! Hinzu kam ständig Bombenalarm. So hatte ich mir das Leben nach der großen Freiheit in Babelsberg nicht vorgestellt.

Tagelang zermarterte ich mir das Hirn, entwarf wilde Pläne, wie ich meine Lage ändern könnte, bis ich eines Abends meine Freundin Helma Gerdes zufällig auf dem Nachhauseweg traf. Helma war um einiges älter als ich und wir hatten uns ziemlich lange nicht gesehen. Sie war eine ausgezeichnete Reiterin und hatte vor, sich tags darauf bei der Heeresreitschule Gardelegen als Remontereiterin zu bewerben. Noch während sie davon sprach, hatte ich das Gefühl, als habe jemand in meinem Kopf eine Glühbirne angeschaltet. Alles war augenblicklich hell. Das Grau meines Alltags war verschwunden. Die rettende Idee war da.

Schon als ganz kleines Mädchen liebte ich nichts mehr als Pferde. Jede Mark, die ich geschenkt bekam, wurde im Tattersall von Frohnau in Reitstunden umgesetzt. Ich genoss es, auf einem Pferd zu sitzen, konnte damals allerdings nicht mehr als brav durch die Halle traben. Und nun wollte ich mich als Remontereiterin bewerben und Jungpferde einreiten. So viel Selbstüberschätzung kann es eigentlich gar nicht geben. Doch ich wollte mein Schicksal erzwingen. In meiner großen Verzweiflung griff ich nach diesem Strohhalm.

Am nächsten Morgen meldete ich mich an meiner Arbeitsstelle krank und ging mit Helma zum Bahnhof Friedrichstraße. Zivile Züge fuhren nicht nach Gardelegen, aber ein Wehrmachtszug. Also schmuggelten wir uns unter die Soldaten, die über die ungewohnte Begleitung begeistert waren. Der Zug war bereits voll besetzt. Selbst auf den Gängen standen die Männer dicht gedrängt. Wir kamen noch nicht einmal durch die Tür. Enttäuscht wollten wir schon aufgeben, da packte mich ein Landser und schob mich durch das Fenster in ein Abteil. Ich wusste nicht, wie mir geschah, wollte mich noch wehren, doch da landete ich schon sanft und ein wenig derangiert auf einem Schoß und Helma hinterher. Ein freundliches Jungengesicht strahlte mich an. »Das ist aber fein!«, begrüßte mich der Soldat freundlich und räumte seinen Sitzplatz für uns. In Gardelegen mussten wir dann unter lautem Gejohle den Zug auf dem Weg durch das Fenster wieder verlassen.

In der Heeresreitschule meldeten wir uns beim Spieß. Er musterte uns kurz und kritisch und sagte dann nur: »Na, denn los!« Zunächst mussten wir zwei Pferde satteln und in die Reithalle führen. Bis dahin ging alles vollkommen problemlos. In diesem riesigen Hufschlag sollten wir dann zeigen, was wir konnten. Helma nahm wie selbstverständlich die Zügel in die Hand und schwang sich in den Sattel. Ich dagegen brauchte schon Hilfe, um überhaupt in den Steigbügel zu kommen. Was dann folgte, war so schlimm, dass es mir noch heute Schweißperlen auf die Stirn treibt, wenn ich daran denke. Helma ritt mit bemerkenswerter Leichtigkeit und konnte ihr Pferd nach allen Kommandos dirigieren. Die junge Stute, auf der ich saß, machte, was sie wollte. Mit Mühe und Not konnte ich mich kurze Zeit im Sattel halten, dann endlich fiel ich runter und das grausame Spiel hatte ein Ende. Ich saß im Sand, die Zügel in der Hand.

»Das war wohl nichts!«, sagte der Spieß trocken und musterte mich mitleidig. »Sie können gleich wieder nach Hause fahren.« Es erübrigt sich zu sagen, dass Helma natürlich angenommen wurde. Wohl oder übel musste ich allein die Rückfahrt antreten.

Meine Dreistigkeit hatte durch diese Niederlage zwar einen Kratzer bekommen, jedoch keinen wirklichen Schaden genommen. Ein paar Wochen hinter der Drehbank genügten schon, um mich für das nächste Abenteuer zu wappnen.

Anfang Januar 1945 beschloss ich, mich als freiwillige Helferin bei der Luftwaffe zu melden. In einer Kaserne in Adlershof saß ich mit vielen Mädchen in der Vorhalle und wartete. Endlich erschien ein Unteroffizier, um unsere Personalien aufzunehmen. »Die Damen mit Abitur bitte nach rechts treten. Die übrigen links aufstellen!« Nun kam Bewegung in die Menge. Wir Abiturientinnen wurden in einen Nebenraum geführt, in dem ein anderer Offizier eine neue Auswahl vornahm. Eingehend befragte er uns nach unseren Mathematikkenntnissen. Das Luftfahrtministerium suchte nämlich kompetente Mathematikerinnen, die zur Berechnung der Flugbahnen angreifender Bomberverbände eingesetzt werden sollten. Gearbeitet wurde in den Bunkern des Ministeriums und gut bezahlt wurde das Ganze auch noch.

Dieses Angebot konnte und wollte ich mir nicht entgehen lassen. Deshalb habe ich gelogen, dass sich die Balken bogen. Mit dem unschuldigsten Gesicht behauptete ich eine Mathematik-Zweierkandidatin zu sein. In Wahrheit hatte ich mit Ach und Krach eine schlechte Vier geschafft. Dennoch muss ich sehr überzeugend gewesen sein. Irgendwie merkte ich, dass mein Lächeln den fragenden Männern den Inhalt meiner Antworten unwichtig werden ließ. Auch gut. Nachdem man uns eine weitere Stunde hatte warten lassen, wurde ich mit drei anderen Mädchen am Luftfahrtministerium in der Leipziger Straße dienstverpflichtet. In diesem Gebäude, das heute das Außenministerium beherbergt, habe ich für knapp drei Wochen tatsächlich als Flugbahnberechnerin gearbeitet.

Den ganzen Tag saßen wir vor Rechenmaschinen und mussten komplizierte Aufgaben lösen, die uns die Ausbilder zuvor erläutert hatten. Ich verstand nicht viel von dem, was man von uns verlangte. Während meiner gesamten Schulzeit waren mir Begriffe wie »… nte Wurzel aus …« niemals untergekommen oder ich hatte sie schlichtweg vergessen. Aber hier war es warm, die Verpflegung war gut und vor den Bomben waren wir einigermaßen sicher.

Meine Unkenntnis ließ sich nicht lange verheimlichen. Schon am ersten Tag hatte mich meine nette Tischnachbarin mitleidig beobachtet, wie ich angestrengt auf meinem Bleistift kaute und nichts zu Papier brachte. Die Zeit lief davon. Alle rechneten mit hochroten Köpfen. Ich rutschte nervös auf meinem Stuhl herum und überlegte verzweifelt, wie ich mich am besten aus der Affäre ziehen könnte. Von einem plötzlichen Unwohlsein bis zur bühnenreifen Ohnmacht hatte ich alles in Betracht gezogen. Da wurde plötzlich ein Lösungszettel auf meinen Tisch geschoben. Das nette Mädchen neben mir hatte nicht nur verstanden, wie es um mich stand, sondern mir wie selbstverständlich zwei Aufgaben gelöst.

Dieser Akt der puren Nächstenliebe verhinderte, dass ich sofort entlassen wurde. Der Krieg schuf manchmal eine seltsame Solidarität unter einander völlig unbekannten Menschen. Viel geredet haben wir nicht, aber Tag für Tag vollzog sich das gleiche Ritual. Ich gab mich beschäftigt und meine Nachbarin arbeitete für mich mit. Drei Wochen habe ich mich so durchlaviert, dann erkrankte ich tatsächlich an einer schweren Bronchitis mit hohem Fieber. Als mein bellender Husten immer störender wurde, hat man mich nach Hause geschickt. Der Stabsarzt hatte mich auf unbestimmte Zeit krankgeschrieben. Das Kapitel Arbeitsdienst war damit beendet.

Im Februar 1945 waren die Russen bereits bedrohlich nahe an die Warthe herangerückt. Offiziell wurden wir mit Durchhalteparolen und Schönrederei vom Endsieg zugeschüttet, doch immer häufiger traf man Menschen, die hinter vorgehaltener Hand Unglaubliches zu berichten wussten. Es wurde höchste Zeit, meine Mutter und den kleinen Bruder nach Pankow zurückzuholen. Da mein Vater bei Borsig unabkömmlich war, bin ich mit einem Bummelzug nach Küstrin gefahren. Von dort ging es zu Fuß weiter. Die Landstraßen und selbst die Feldwege waren überfüllt. Militärs, die nach Osten zogen, und viele Zivilisten, die mit Sack und Pack in die entgegengesetzte Richtung unterwegs waren. Es hat Stunden gedauert, bis ich den kleinen Ort erreichte, in dem meine Mutter seit Monaten lebte. Dort war der Gefechtslärm der Front schon sehr deutlich zu hören. Ein schreckliches Grollen, das die Menschen aus ihren Häusern trieb. Das heillose Chaos ängstigte mich. Wie grenzenlos naiv war ich in meiner Hoffnung gewesen, wir würden schon irgendwie einen Weg zurück nach Berlin finden. Ohne Fahrzeug schien alles aussichtslos. Aber ich hatte wieder einmal, wie so oft in meinem Leben, Glück im Unglück.

Am Dorfeingang, wo die Dorfstraße die Landstraße kreuzte, hatte sich ein Befehlsstand der Wehrmacht eingerichtet. Ganz selbstbewusst bin ich als Luftwaffenhelferin hineinspaziert und habe dem wachhabenden Offizier von meiner Not berichtet. Wie sollte ich, achtzehnjähriges Mädchen, Mutter und Bruder samt Gepäck nach Berlin bekommen? Da ich weder ein noch aus wusste, flossen die Tränen ganz automatisch. »Wenn's mehr nicht ist!« Ich tat ihm wirklich Leid. »In drei Stunden bist du wieder hier. Dann geht ein Konvoi Richtung Berlin. Da könnt ihr mit!«

Wie eine Wahnsinnige bin ich losgestürmt und habe meine verzweifelte Mutter vollkommen überrumpelt. Während sie sich um den Kleinen kümmerte, habe ich Kleidung, Kochtöpfe, Essen, Bettwäsche und Federbetten zusammengepackt. Das waren die einzigen Dinge, die meine Mutter aus ihrem Hausstand dort retten konnte. Als meine Eltern noch an die Parolen vom Endsieg geglaubt hatten, waren die schönsten Stücke aus unserer Wohnung in Pankow aufs Dorf bei Küstrin gebracht worden, um sie vor den Bombenangriffen zu schützen. Und nun mussten wir beinahe alles zurücklassen.

Zwei Stunden später sind wir mit Rucksäcken und einem vollbeladenen Kinderwagen die Dorfstraße entlanggehetzt, immer getrieben von der Angst, der Konvoi würde ohne uns abfahren. Glücklicherweise war alle Sorge umsonst. Der Unteroffizier hatte Wort gehalten und auf einem der Laster Platz für uns geschaffen. Keine fünf Minuten später hatten die Landser uns und unser Gepäck verstaut und dann ging es auch schon los. Es war bitterkalt. Unter Mutters Deckbett gekauert, haben wir uns trotz verstopfter Straßen und allgemeiner Panik ziemlich sicher gefühlt. Verglichen mit anderen Flüchtlingen reisten wir sogar in der Luxusklasse. Kurz vor Berlin allerdings mussten alle Zivilisten den Konvoi verlassen und selbst sehen, wie sie weiterkamen. Wir waren ja schon beinahe zu Hause und haben den Rest des Weges zu Fuß und mit der S-Bahn bewältigt.

Kaum waren wir in Berlin, wurde es mir zu eng in unserer Wohnung. Mehr als zwei Jahre hatte ich ein geregeltes Familienleben, so wie meine Mutter es verstand, nicht mehr erlebt. Nun sollte ich wieder die kleine Tochter sein, die über jeden Schritt Rechenschaft ablegen musste. Das passte nicht mehr. Schon Anfang März 1945 machte ich mich auf den Weg in das weit von den Eltern entfernte Babelsberg, wo mein kleines Zimmer immer noch auf mich wartete. Dort fühlte ich mich nie allein. In der kleinen Villa lebte ich zusammen mit zwei Niederländern und zwei Frauen, die wie ich bei der Ufa beschäftigt gewesen waren. Auch sie wussten nicht, wie es weitergehen sollte. Die Zeiten waren so unsicher, jeden Tag gab es neue

Gerüchte. Beinahe jeder von uns hatte irgendwo Flüchtlinge getroffen, die es geschafft hatten, den heranrückenden Russen zu entkommen, und fürchterliche Geschichten zu erzählen hatten. Viele der in Babelsberg Gestrandeten machten sich auf den Weg weiter nach Westen. Ich allerdings zählte zu denjenigen, die ihre ganze Hoffnung auf die Westalliierten setzten. Sie hatten sich inzwischen so weit ins Deutsche Reich vorgekämpft. Wir konnten und wollten nicht glauben, dass sie nicht bis zur Hauptstadt vorrücken würden.

Mitte April überschlugen sich die Ereignisse. Die Russen kamen immer näher an Berlin heran. In unserem Haus in Babelsberg-Nowaves waren wir allerdings über den jeweils neuesten Stand der Truppenbewegungen nicht informiert. Wir hatten keinen Strom, also auch kein Radio. Zeitungen erschienen nicht mehr. Züge oder S-Bahnen fuhren auch schon lange nicht mehr. Das Einzige, was in diesen bewegten Zeiten blieb, waren die immer gleich lautenden Durchhalteparolen der vom Untergang bedrohten Parteibonzen.

Alle waren ratlos. Was sollten wir tun? Unsere Vermieter hatten uns das Haus überlassen und waren mit dem Nötigsten zu Verwandten im Westen gegangen. Es war bereits Abend, als die ersten russischen Panzer in Babelsberg einrückten. Unser Haus lag direkt an der S-Bahn. Als der Gefechtslärm nachließ, bin ich mit den beiden Niederländern aus dem Haus hinaus. Eine innere Unruhe ließ mich einfach nicht stillsitzen. Ich musste etwas tun, wollte wissen, was auf uns zukam. Vorsichtig sind wir zum Bahndamm hingerobbt. Plötzlich rasselte das erste dunkle Ungetüm von Potsdam her heran: ein russischer T 34. Ein Anblick wie im Film. Ich starrte auf das riesige klappernde und quietschende Monster und war wie gelähmt. Ein merkwürdiges Gefühl von Erleichterung und gleichzeitiger Fassungslosigkeit über das Ende der Nazi-Herrschaft, aber auch die Neugier auf die Sieger des Krieges durchströmten mich. Eigenartigerweise spürte ich zunächst wenig Angst. Vielmehr machte ich mir Gedanken um die zwei Eimer Rum, die wir uns noch aus dem Keller einer Schnapsfabrik organisiert hatten. In weiser Voraussicht waren im Schnapslager einige Tage zuvor alle Hähne geöffnet und die Fässer umgekippt worden, um die Vorräte versickern zu lassen. Nichts galt als so gefährlich wie betrunkene russische Besatzer.

Ich glaube, ich hätte noch länger am Bahndamm gehockt, wenn mich nicht meine Mitbewohner ins Haus gezogen hätten. Erst da packte auch mich die nackte Angst. Wie die Wahnsinnigen verrammelten wir alle Ein- und Ausgänge, selbst die Kellertüren, stellten Stühle, Tische, einfach alles, was tragbar war, unter die Türklinken. Irgendjemand schrie: »Alle Funzeln und Kerzen aus, die Fensterrollos runter, schnell, schnell, schnell, beeilt euch!«

Nun war es stockfinster. Dann nahm mich einer der Niederländer beim Arm und drängte mich zur hinteren Gartentür. »Raus hier!« Er schubste mich und die anderen beiden Frauen in die Dunkelheit. »In den Garten, versteckt euch hinter dem Misthaufen!« Ich rannte, was das Zeug hielt, fiel über Kohlköpfe, kroch auf allen vieren und schließlich saßen wir wie aufgeschreckte Kaninchen auf Kartoffelschalen und stinkenden Rübenresten hinter einer dichten Hecke, die uns zusätzlichen Schutz lieferte. Außer dem penetranten Gerassel der Panzer, die nun die ersten Häuser von Nowawes erreicht hatten, und wenigen fremdländischen, gutturalen Befehlen war nichts zu hören, nicht einmal das Bellen eines Hundes.

Plötzlich nahmen wir vereinzelt Schreie wahr, die wie auf Kommando zu einem mächtigen Gebrüll der einbrechenden Soldaten anschwollen. Schüsse knallten durch die Luft. Ein schreckliches Poltern, Gejohle und Gepfeife, kreischende Frauen und immer wieder Kolbenschläge und Fußtritte gegen Türen, auch gegen unsere.

Wir hörten, wie unsere Mitbewohner die Haustür öffneten und die Russen hineinstürmten. Dem Lärm nach zu urteilen, krempelten sie das Haus von unten nach oben um. Zum Glück verlor keine von uns die Nerven. Hätte eine von den beiden anderen geschrien, ich weiß nicht, was ich mit ihr gemacht hätte! Insgesamt drei Mal wurde unser Haus in dieser Nacht heimgesucht. Wir krochen immer tiefer in den Mist hinein, auf dem wir zuvor noch den Rum verschüttet hatten. Ein widerlich süßer Gestank von Fäulnis umhüllte uns wie ein unsichtbarer Schutzwall. Misthaufen hin, Gestank her, hier waren wir sicher.

Tags darauf machten sich die beiden Holländer auf den Weg, um etwas Essbares zu organisieren, während wir Frauen versuchten, wieder so etwas wie Häuslichkeit herzustellen. Die Russen hatten ein unglaubliches Chaos der Zerstörung hinterlassen. Auf der Suche nach Wertgegenständen hatten sie die Polstermöbel aufgeschlitzt, kein Bild hing mehr an der Wand, kein Buch war mehr im Regal. Das Porzellan lag zerschlagen auf dem Küchenboden, der Inhalt unserer Federbetten war im ganzen Haus verstreut. Tagelang räumten wir auf und putzten, wuschen die Wäsche und versuchten, mit dem Kohl aus dem Garten und dem Wenigen, das wir irgendwo besorgen konnten, essbare Mahlzeiten zu zaubern. Allerdings stank alles, was wir im Topf hatten, immer gleich modrig und nach Rüböl, sodass uns der Hunger schnell verging.

Die Russen zogen weiter nach Berlin-Mitte. Endlich wagte auch ich es, wieder auf die Straße zu gehen. Hatte ich in den letzten Wochen, die von der Angst vor den herannahenden Russen bestimmt gewesen waren, nur ein festes Ziel vor Augen gehabt, nämlich um jeden Preis diesen Krieg zu überleben, so blieb nun, da die Lawine über uns hinweggerollt war, nichts als Sorge und Leere zurück. Während wir in Babelsberg alles hinter uns hatten, wurde Berlin Straße für Straße beschossen und durchkämmt. Meine Eltern waren, wenn sie noch lebten, vermutlich in Pankow geblieben. Seitdem ich sie verlassen hatte, hatte ich nichts mehr von ihnen gehört. Ich mochte mir nicht vorstellen, was sie aushalten mussten.

In Babelsberg wollte ich nicht bleiben. Hier hielt mich nichts mehr. Die Ufa gab es nicht mehr, meine Freunde und Bekannten waren in alle Winde zerstreut und Arbeit gab es auch nicht. Irgendwann beschlossen meine Mitbewohner und ich, uns nach Berlin-Mitte durchzuschlagen. Anfang Mai zogen wir mit Rucksäcken und Leiterwagen los. Aber wir kamen nicht weit. Kurz hinter Babelsberg wurde immer noch geschossen. Am Horizont zeichnete sich der flackernde Schein des brennenden Berlin ab, ein grausiges Schauspiel. Der Wind trug den Geruch der untergehenden Stadt herüber. Ein paar Tage später versuchten wir es erneut, diesmal in Richtung Wannsee. Wieder wurden wir zunächst durch den Lärm kämpfender Truppen zurückgedrängt. Von Babelsberg aus liefen wir dann später durch den Wald zum Teltow-Kanal. Der Lärm der Militärfahrzeuge und Panzer war immer noch zu vernehmen. In den Straßengräben lagen die Toten, dazwischen manchmal aufgerissene Pferdeleiber, Autowracks und Reste von zurückgebliebenem Hausrat. Über allem lag der schreckliche Geruch von Verwesung und Feuer.

In Kohlhasenbrück hatten die Deutschen im Rückzug die Brücke zerstört, sodass wir Flüchtlinge samt Leiterwagen und Gepäck über einen behelfsmäßigen Notübergang klettern mussten. Wir kamen mächtig ins Schwitzen. Das Wetter war umgeschlagen, die Sonne strahlte, die Temperaturen waren plötzlich frühsommerlich warm. »Märkische Heide, Märkischer Sand« – der Duft von Kiefern, friedliche Stille, die Fliegen summten, Vögel zwitscherten, die Luft war würzig. Die Natur schien sich gegen Krieg und Zerstörung behaupten zu können. Viele von uns hatten das Gefühl von Neuanfang.

Was konnte ich von der Zukunft erwarten? Ich hatte mir abgewöhnt, weiter als bis ein paar Tage im Voraus zu denken. Das momentane Ziel hieß Wannsee.

Als wir uns endlich bis dahin durchgeschlagen hatten, trennten sich die Wege unserer kleinen Haus- und Fluchtgemeinschaft. Ich wollte in Berlin bleiben, die anderen zogen weiter nach Westen. Wie in allen befreiten Gebieten hatte auch in Wannsee die Meldestelle bereits wieder ihren Betrieb aufgenommen. Um zu erfahren, was in Berlin wirklich vor sich ging, suchte ich sie auf. Das war gar nicht so einfach.

Aus Angst, bestohlen zu werden, wollte ich mein letztes Hab und Gut nicht einfach irgendwo abstellen. Also mühte ich mich ab, meinen Leiterwagen über Schutt und Asche hinter mir herzuzerren. Als ich gerade überlegte, wie ich wohl die drei Stufen zum Amtszimmer bewältigen sollte, löste sich aus dem Schatten des halb zerstörten Nachbarhauses die Gestalt eines gut aussehenden

Mannes. Lächelnd kam er auf mich zu, packte meinen Leiterwagen und trug ihn die kleine Treppe hinauf.

»Das Problem hätten wir gelöst!« Er zeigte auf einen kleinen Mauervorsprung. »Setzen Sie sich. Das kann dauern, bis wir dran sind. Ich warte auch schon eine Weile.« Zuvorkommend breitete er seine Jacke auf dem Stein aus und machte mir Platz. Ich musterte ihn aus den Augenwinkeln. »Na, was treibt Sie denn hierher?«, fragte er und kramte aus seiner Tasche einen Kanten Brot hervor. Erst jetzt merkte ich, wie hungrig ich war. »Nehmen Sie nur!« Er drängte es mir förmlich auf. »Nun essen Sie schon. Sie sehen aus, als könnten Sie es brauchen.« Dann machte er eine kleine galante Verbeugung: »Darf ich mich vorstellen: Erichsen, Sven Erichsen.«

Wir mochten uns auf Anhieb. Sven war ein ruhiger, sehr patenter Mann mit einem liebenswerten Lächeln auf den Lippen. Ein gemütlicher Bär, zu dem ich sofort Vertrauen fasste, an den man sich anlehnen konnte. Er war Norweger und vierzehn Jahre älter als ich, lebte aber seit Jahren schon in Kleinmachnow, wo seine Eltern bereits vor dem Krieg eine Maschinenfabrik betrieben hatten. Als die Russen kamen, war er nach Wannsee ausgewichen in der Hoffnung, die Amerikaner würden Berlin nicht in die Hände der Russen fallen lassen. Seine Hoffnung hatte sich nicht erfüllt, aber Sven hatte sich längst mit der neuen Situation arrangiert. Er wohnte bei einer sehr guten Freundin in einer vom Krieg verschonten Villa.

Wir kamen ins Gespräch, tauschten uns aus und waren relativ schnell beim vertrauten Du. Schließlich fragte er mich: »Und, wo schläfst du heute Nacht?« Ich konnte nur mit einem Schulterzucken antworten, denn ich hatte weder eine Bleibe, noch wusste ich wohin. »Dann kommst du mit zu uns. Keine Widerrede!« Er strahlte so viel Ruhe und Zuversicht aus, dass ich ihm ohne Bedenken gefolgt bin. Mary-Anne Springer, seine ältere Freundin und Gastgeberin, war nicht im mindesten überrascht, als er mich mit nach Hause brachte. Schon nach wenigen Tagen war es, als hätte ich niemals woanders gelebt.

Und wir lebten gut, denn Sven konnte fabelhaft organisieren. An dem einen Tag verkündete er strahlend: »Kinder, ich hab 'ne ganze Ladung Fugger-Kirsch-Likör im Wagen!« Und tatsächlich, im hinteren Teil seines DKW, einem uralten Zweitakter ohne Dach und in äußerst desolatem Zustand, lagerten jede Menge Flaschen dieses köstlichen Gesöffs. Am nächsten Tag dann brachte er Brot, gleich mehrere Laiber und – Butter, ein wirklicher Schatz in jenen Tagen.

Irgendwann kam er mit einem großen Kanister Rüböl an. Die dicke, schwarze Masse war zähflüssig und im Geschmack erträglicher als manch anderer Ersatzstoff, den wir sonst verwendet hatten. »Wisst ihr, wie man Rüböl genießbar machen kann?«, fragte er hoffnungsvoll. »Natürlich«, prahlte ich, froh, einmal meine Erfahrungen einbringen zu können. Ich schnappte mir den Kanister und ging in die Küche. In einem großen Topf erhitzte ich das Öl langsam, bis es kochte, gab mehrere rohe Kartoffeln und eine Sellerieknolle dazu. Das Ganze musste dann nur noch etwas abkühlen und fertig war das Essen. Zwar roch es immer noch ein bisschen nach »armer Leute Kellerkinder«, aber mit gemüseartigen Gewächsen, ein paar Petersilieblättern oder Schnittlauchhalmen konnte ich eine Brühe zaubern, die entfernt an eine Gemüsebrühe erinnerte.

Sven war ein toller Kerl und Überlebenskünstler. Mit

seinem Charme hatte er ein dichtes Netz von Informanten geschaffen, die ihn bei den Tauschgeschäften unterstützten. Jeden Tag war er unterwegs in seinem DKW, den er in mühseliger Kleinarbeit zusammengebaut hatte. Die Ersatzteile stammten aus zerschossenen Militärautos, kaputten Krädern, Last- und Panzerspähwagen. Während seiner Raubzüge zapfte er auch Benzinreste aus den Tanks der Fahrzeuge, die nach Kämpfen im Straßengraben zurückgelassen worden waren. Er wusste alles auszuschlachten und entwickelte sich mehr und mehr zu einem Alteisen- und Ersatzteilsammler. Noch heute sehe ich ihn vor mir, in der einen Hand einen Sack mit klappernden Beutestücken, in der anderen einen stinkenden Benzinkanister. Natürlich filterte er das kostbare Nass noch viele Male fachmännisch durch, bevor er es dem Motor seines DKW anvertraute.

Wie hatte ich je ohne Sven leben können? Ich bewunderte sein Geschick, seinen Optimismus und seinen Charme. Schon früher hatten Männer mit mir geflirtet und mir hartnäckig den Hof gemacht, doch immer zog ich die Freiheit der Unabhängigkeit vor. Der Krieg aber hatte mich um einiges ängstlicher und schutzbedürftig werden lassen. Ich verliebte mich in Sven und suchte Sicherheit und Bestätigung bei ihm. Und so tuckerten wir am 15. Juni 1945 in dem Zweitakter los – über unseren Köpfen nur der Himmel und unter unseren Füßen das löchrige Chassis, durch das der Asphalt zu sehen war. Mit uns im Wagen saß Mary-Anne. Unser Ziel: das Standesamt in Potsdam. Bereits Mitte Mai hatte man dort die Arbeit wieder aufgenommen, was Sven durch irgendwelche Kanäle in Erfahrung gebracht hatte.

Anfangs des Monats hatte er um meine Hand angehalten. Nach einem reichhaltigen Mittagessen, einem Gemüseeintopf mit Pferdefleisch und Brot, lagen wir unter einem Baum im Garten und lauschten dem Gesang der Vögel. »Sag mal, meine Kleine«, er richtete sich auf und nahm meine Hand, »was hältst du davon, wenn wir heiraten?« Mein erstauntes Gesicht muss auf ihn wie eine Ablehnung gewirkt haben. »Dann können wir versuchen, so schnell wie möglich nach Norwegen zu meinen Verwandten bei Oslo zu gelangen«, fuhr er beschwörend fort. »Schau mal, hier gibt es auf Jahre hin keine Elektrizität, keine Lebensmittel, keine Zukunft – so will ich dich einfach nicht zurücklassen.« Er sah mich sehr ernst an: »Willst du?«

Und wie ich wollte! Mich brauchte er nicht zu überzeugen. Sein Antrag war zwar nicht sehr romantisch, aber bei diesem Mann und diesen Aussichten bedurfte es wahrhaftig keiner Überredungskünste. Sven gab mir das, was ich mir von einem Vater immer gewünscht hatte. Für ihn schien es keine Probleme zu geben. Sven war ein echter Lebenskünstler, weltgewandt und selbstsicher. Er versprach mir eine neue Heimat in einem Land, das vom Krieg nicht so wie Deutschland heimgesucht worden war.

Der Gedanke an meine Eltern geriet angesichts dieser Pläne immer mehr in den Hintergrund. Ich hatte versucht, etwas über ihren Verbleib zu erfahren, ohne Ergebnis. Auch schreckte ich davor zurück, im zerstörten Berlin selbst auf die Suche zu gehen. Meine Zukunft erschien mir rosig und so tröstete ich mich mit der Vorstellung, sie über das Rote Kreuz suchen zu lassen, wenn ich erst einmal in Norwegen wäre. Doch leider hatte das Schicksal andere Pläne.

Am Vormittag unseres Hochzeitstages gab mir Mary-Anne ihren Trauring (ein Relikt ihrer geschiedenen Ehe) als Hochzeitsgeschenk. Dieser einfache Goldring war für mich ein besonders schönes Geschenk. Er war ein eindrucksvolles Symbol all dessen, was sie mir wünschte: Liebe, Freundschaft und eine bessere Zukunft.

Die erste Panne an diesem Tag unterlief uns auf dem Standesamt. Es fehlte der zweite Trauzeuge! Was sollten wir tun? Da hatte das Benzin von Wannsee bis nach Potsdam gereicht, ich hatte einen goldenen Trauring und kleine gelbe Ringelblumen als Brautstrauß in meiner Hand und nun sollte meine Hochzeit an solch einer Lappalie scheitern? Ich war verzweifelt. Sven jedoch rannte auf die Straße, schnappte sich den Erstbesten und bot ihm eine Flasche Fugger-Kirsch-Likör für die Gefälligkeit an. Nach einer kleinen, nicht sehr feierlichen Zeremonie war ich »Frau Susanne Erichsen«. Als wir das Standesamt verließen, hätte ich jubeln können. Es war ein herrlicher Tag mit hochgesteckten Erwartungen.

Die Strecke nach Wannsee zurück zog sich schier endlos dahin. Unser kleiner DKW ächzte unter seiner Last und kurz vor den ersten Wohnhäusern des Ortes gab er den Geist auf. Er brauchte Benzin und zeigte wenig Verständnis für die Jungvermählte, die nichts als nach Hause und mit Sven Händchen halten wollte. Da war sie nun, die zweite Panne dieses sonst so verheißungsvollen Tages. Wiederum bewies Sven Einfallsreichtum und schlenderte zu einem russischen Soldaten, der nicht weit von uns am Straßenrand an seinem Studebaker-Lastwagen lehnte und uns gelangweilt beobachtete.

»Du mir Benzin, ich dir Likör – gut, sehr gut!«, radebrechte Sven. Natürlich hatte der Soldat sofort verstanden, dass es hier um Hochprozentiges ging, und rückte bereitwillig einen halben Kanister Benzin heraus. Ein zweites Mal hatte Sven unsere Hochzeit gerettet.

So trafen wir also gegen Mittag wieder in Wannsee ein, wo Mary-Anne im herrlichen Sonnenschein die Hochzeitstafel im Garten aufdeckte. Der Tisch war rundherum mit gelbweißen Ringelblümchen geschmückt – diese kleinen genügsamen Schrebergartenblumen, die für mich in den folgenden Jahren so etwas wie Schicksalsblumen werden sollten. Als Hochzeitsmahl gab es einen großen Topf Gemüsesuppe aus Rüböl und gebratene Plötzen aus dem Wannsee. Dieser 15. Juni 1945 schickte sich an, mein Glückstag zu werden.

Noch während wir aßen, hielt Sven plötzlich mitten in einer Erzählung inne und raunte mir zu, ich solle ins Haus verschwinden und mich in der Kammer einschließen. Er hatte auf der Straße vor dem Gartentor einen schwarzen BMW vorfahren sehen und die Lage gleich richtig eingeschätzt. Tatsächlich bekamen wir Hochzeitsgäste, allerdings in russischer Uniform. Vor dem Tor erschien ein Offizier mit seinem Dolmetscher. Aus einem Erhebungsbogen wurde Sven eine Reihe von Fragen zu seiner Person und Herkunft vorgelesen, die er allesamt nur bejahen konnte: Ja, er war Sven Erichsen, Ingenieur, stammte aus Norwegen und hatte den dringenden Wunsch in sein Heimatland zurückgeführt zu werden. Als alles zur Zufriedenheit der Russen notiert war, teilte man Sven mit, so viel zu packen, wie er tragen könne. In ungefähr vier Stunden würde er einem Transport angeschlossen, der ihn über die Norwegische Botschaft in Moskau in sein Heimatland zurückbringen sollte.

Dieser Vorschlag schien einleuchtend und vernünftig, denn in jenen Tagen war die Elbe nicht nur eine Sektorengrenze, sondern schickte sich an, die Grenze zwischen zwei politischen Systemen zu werden. Für Normalsterbliche und ein paar versprengte Ausländer war sie unpassierbar. Warum also nicht erst Moskau und dann Norwegen? Sven rief mich aus meinem Versteck und stellte mich dem russischen Offizier als seine eben angetraute Frau vor. »Na, mein Liebling, nun kommen wir schneller in die Heimat, als wir zu hoffen gewagt haben«, begrüßte er mich freudestrahlend. »Sie kann doch mitkommen, oder?«, wandte er sich an den Offizier. »Natürlich kann sie das!«, antwortete dieser ohne zu zögern und hatte damit mein Schicksal besiegelt.

Als man uns dann auch noch zusagte, wir könnten unseren treuen DKW mit auf den Transport nehmen, gab es kein Halten mehr. Schnell war unsere kleine Habe gepackt, die wenigen Dokumente und Bilder, die Kriegstextilien und Schuhe auf Bezugsmarken, die selbst gefertigten Kleider aus Vorhängen. Wie angekündigt erschien einige Zeit später der schwarze BMW erneut und leitete uns zu einem kleinen Sammellager außerhalb Berlins. Mary-Anne begleitete uns. Sie wollte unbedingt bei uns sein, mit uns die Vorfreude genießen.

Wir hielten an einem Bahngleis etwas außerhalb einer kleinen Bahnstation. Vor dem endlos langen Zug wimmelte es von Menschen und Gepäck. Alle in Berlin verbliebenen Ausländer, Botschaftspersonal, Angehörige des Roten Kreuzes oder anderer Hilfsorganisationen hatte man hier versammelt, um sie, so wie man es auch uns versprochen hatte, über Moskau in die jeweiligen Heimatländer zu überführen. In dem babylonischen Sprachgewirr der Skandinavier, Holländer, Italiener, Schweizer und Spanier konnte man auch immer wieder deutsche Stimmen vernehmen. Einige deutsche Mitarbeiter, die für die ehemals neutralen diplomatischen Missionen gearbeitet hatten, hatten sich in ihrer Orientierungslosigkeit diesem Transport angeschlossen.

Langsam neigte sich der Tag dem Ende zu. Ich strahlte vor Glück und genoss meinen letzten Sommerabend in Deutschland. Der Himmel war wolkenlos. Die Schwalben zeigten ihre Flugkünste, die grünen Blätter der Bäume raschelten im Wind. Wir schmiedeten Pläne, wie wir Mary-Anne von Norwegen aus unterstützen könnten. Dann ging alles sehr schnell. Die Russen drängten zum Aufbruch. Wir umarmten unsere Freundin ein letztes Mal, winkten dem alten DKW zu, der auf einen angehängten Güterwaggon verladen werden sollte, und bestiegen unser Abteil. Sven hatte ein drittes Mal kurz entschlossen das Fest unserer Eheschließung gerettet – auch wenn die Hochzeitsreise anders ausfiel, als ich es mir erträumt hatte.

6 Hochzeitsreise nach Krasnogorsk

Als der Zug sich endlich in Bewegung setzte, war es bereits dunkel geworden. Aber an Schlafen war nicht zu denken, ich war viel zu aufgeregt. Sven hatte mir viel von den herrlichen Fjorden, den Bergen und den hellen Sommernächten erzählt. Vielleicht würden wir schon Anfang August in Norwegen sein. Die Reise sollte uns von Moskau aus über Leningrad nach Stockholm führen – ein vergleichsweise kurzer Umweg. Von dort war es nur noch ein Katzensprung nach Norwegen. Ich konnte es kaum erwarten und vergaß in der Aufregung, dass ich den erträumten Ablauf meiner Hochzeit verpasst hatte.

In meinem Kopf wirbelten die Gedanken nur so hin und her. Wo würden wir leben? Wie sollte die Wohnung eingerichtet werden? Welche Herausforderungen würden mich erwarten? Fragen über Fragen – doch über eines war ich mir vollkommen sicher: Alles würde gut werden. Wenn wir dann noch den Verbleib meiner Eltern über das Rote Kreuz ausgemacht hätten, würden auch sie meinen Schritt mit Sicherheit begrüßen. Sie konnten mich an der Seite eines guten Mannes wissen und schließlich würde ich sie von Norwegen aus mit Lebensmitteln versorgen.

Während ich so vor mich hin träumte, stand ich im

Gang des Zuges und starrte aus dem Fenster. Die Waggons waren sauber, aber alt und sehr einfach eingerichtet. In den Abteilen befanden sich an den Seiten herunterklappbare Pritschen für jeweils vier Personen, auf denen dünne Strohmatten und ein paar Decken lagen. Man konnte es gut aushalten hier – und außerdem sollte die Reise ja auch nur wenige Tage dauern.

Doch die Fahrt zog sich hin. Mal schlich der Zug langsam wie eine Schnecke voran, dann ging es wieder schneller und immer wieder hielten wir auf offener Strecke – oft stundenlang. Bei einem solchen Stopp stand ich wieder einmal im Gang. Es war gerade Morgen geworden und ich konnte nicht schlafen. Gelangweilt beugte ich mich aus dem Fenster und schaute den Zug entlang. Plötzlich war ich hellwach. »Svenchen«, rief ich ins Abteil, »guck mal! Die Waggons mit den Autos sind nicht da, kein einziges Auto ist angehängt. Dabei haben sie es uns doch ausdrücklich versprochen. Unser schöner Hochzeitswagen!« Ich stürzte ins Abteil und rüttelte ihn wach: »Du musst sofort den Zugführer oder den Schaffner alarmieren und eine Verlustanzeige machen!«

Meine Entdeckung verbreitete sich wie ein Lauffeuer. Außer uns gab es noch viele, die ihren wertvollsten Besitz in die Hände der Russen gegeben hatten. Die Betroffenen setzten sich zusammen, um zu beraten, was zu tun sei. Sehr schnell hatten sie Sven als eine Art Unterhändler auserkoren. Alle waren sehr unruhig. Konnte man den Russen überhaupt noch trauen? Schon nach kurzer Zeit kursierten die wildesten Gerüchte, was mit uns passieren würde, wären wir erst einmal in Russland angekommen. Nur Sven und ich ließen uns von der Schwarzmalerei nicht anstecken. Ich nicht, weil ich viel zu naiv war, und Sven nicht, weil sein grenzenloser Optimismus solche Schicksalswendungen einfach nicht zuließ. Schließlich ging er zu den Begleitoffizieren und forderte eine Auskunft über den Verbleib der Autos. »Alles in Ordnung!«, versuchte man ihn zu beruhigen. »Die werden mit einem Extratransport nachgeschickt!« In Berlin habe es nicht genügend Güterwaggons gegeben, alles sei aber organisiert, man habe die Autos gleich am nächsten Tag verladen, der Zug sei bereits in Richtung Russland gestartet.

Und weil eigentlich jeder von uns an dem schönen Traum einer glücklichen Zukunft festhalten wollte, gaben sich die meisten dann mit dieser Erklärung zufrieden. Zudem wurde gerade das Essen ausgeteilt und alle waren entsprechend abgelenkt. Aus riesigen blauen Gulaschkanonen, die ich von Speisungen des Winterhilfswerks oder des Arbeitsdienstes kannte, wurden uns mittags gehaltvolle Suppen mit Fleisch und Fettaugen serviert. Eine wahre Köstlichkeit. Morgens und abends bekamen wir Weißbrot, Butter, Cornedbeef oder auch ein bisschen Käse. Wie wir später erfuhren, befanden wir uns in einem »Luxuszug« für Diplomaten mit Sonderverpflegung und außergewöhnlich höflicher Betreuung. Jeder unserer Begleiter, ob in Zivil oder Uniform, sprach mindestens eine Sprache der Mitreisenden, mitunter sogar zwei.

Je weiter östlich wir kamen, desto trostloser wurde die Landschaft. Dass Polen und Russland durch den Überfall der Deutschen und die anschließenden Rückzugskämpfe schlimm verwüstet worden waren, war überall zu sehen. Ab der Grenze zu Russland gab es eigentlich nur zerstörte Dörfer, kaputte Straßen, gesprengte Fabriken. Zum ersten Mal in meinem Leben verstand ich, was mit dem Begriff »verbrannte Erde« gemeint war. In der Kriegspropaganda der letzten Monate hatte ich oft genug davon gehört. Hitler wollte siegen oder nur verbrannte Erde hinterlassen. Nun sah ich mit eigenen Augen die Auswirkungen dieser unmenschlichen Hybris, die wir Deutsche über Russland gebracht hatten. Mitten im Sommer – es war ja schon Juni und sehr heiß – war alles grau und öde. Tagelang dasselbe trostlose Bild.

Sobald wir irgendwo hielten, kamen Frauen, Kinder und verrunzelte »Väterchen« angerannt, manche waren scheu, andere wiederum verzweifelt mutig. Die meisten von ihnen trugen Lebensmittel in den Händen oder in der hochgerafften Schürze: ein paar Eier, schrumpelige Gurken und Möhren. Einige hatten sogar Äpfel. Was sie sagten, konnten wir nicht verstehen, aber die ausgestreckten Arme und ihre Gebärden waren eindeutig. Sie wollten die wenigen Lebensmittel gegen Gebrauchsgegenstände jeder Art tauschen. Und wir tauschten! Wir tauschten alles, was wir meinten entbehren zu können, und das war nicht wenig, denn wir glaubten ja an eine sichere Zukunft: Blusen, Pullover, Strümpfe und Unterwäsche. Das höchste Tauschgut waren allerdings Gegenstände wie Scheren oder Nähnadeln!

Ich erleichterte Sven um einen dünnen Pullover, der zwei kleine Löcher hatte. Eigentlich war es mir peinlich, ihn anzubieten, doch er wurde mir aus den Händen gerissen. Für die paar Nähnadeln, die ich noch in meiner Tasche fand, bekam ich ein halbes gekochtes Huhn.

Am 18. oder 19. Juni 1945 fuhren wir frühmorgens, es muss weit vor fünf Uhr gewesen sein, in einen großen, unzerstörten Bahnhof ein. Selbst das riesige Glasdach war intakt. Die meisten von uns waren schlaftrunken, aber voller Erwartung von ihren Bettpritschen aufgestanden und drängten sich an die Fenster oder stiegen wie Sven und ich aus dem Zug und gingen den Bahnsteig auf und ab. Außer einigen NKWD-Offizieren und Wachen mit blauen Mützen auf dem Kopf und Gewehren an der Seite konnten wir niemanden entdecken. Sollte dies tatsächlich einer der riesigen Bahnhöfe in Moskau sein? Ich fand die Szene gespenstisch und blieb ganz nah bei Sven. Unsere Ankunft hier hatte ich mir ganz anders vorgestellt. Ich fröstelte.

Nach ungefähr drei Stunden bedeutete man uns durch Handzeichen, wieder einzusteigen. Die Waggons setzten sich erneut in Bewegung. Wir fuhren eine Weile sehr langsam, kamen zum Stillstand, um bald darauf wieder weiterzuzuckeln. Die Spannung stieg immer mehr. Beinahe jeder im Zug glaubte, wir würden in Kürze im »richtigen« Bahnhof einfahren, dort, wo die konsularischen Delegierten bereits ungeduldig auf uns warten würden. Welch ein furchtbarer Irrtum!

Das Rattern der Räder lullte mich ein. Ich schlief sanft und selig, bis mich Sven schließlich weckte. Lautes Geschrei war um mich herum zu vernehmen. »Mach schnell, Kleines, wir sind endlich da!«, jubelte er. »Fix, nimm deine Sachen!« Noch ein wenig verschlafen sprang ich aus dem Zug und landete auf einem Stoppelacker – irgendwo in Russland. Verwirrt schaute ich mich um.

Neben den Gleisen waren vier riesige Studebaker abgestellt, ganz offensichtlich aus amerikanischen Beständen. Sie sahen beeindruckend aus. Ein Gruß aus der freien Welt, den wir kaum beachteten, denn alles, was nun folgte, ging sehr schnell vor sich. Der freundliche Ton des Bewachungspersonals wurde merklich kühler. Sie drängten zur Eile, trieben uns mit den Gewehrkolben zu den

Lastwagen hin. Dabei schrien sie ihre Befehle in schneidendem Russisch. Ehe wir uns versahen, wurden wir von kräftigen Armen auf die offene Ladefläche gehoben und unser Gepäck hinterhergeworfen. Jeweils dreißig bis vierzig Menschen standen bald dicht an dicht dort oben.

Schon nach wenigen Minuten war unser gesamter »Diplomatentransport« verladen. Und dann ging die Fahrt los. Die Wagen rasten über holprige Landstraßen ohne Rücksicht auf uns. Wir klammerten uns aneinander fest, um nicht runterzufallen. Kurz darauf wurden wir wieder barsch von der Ladefläche getrieben. Es ist kaum zu glauben, aber ich hatte immer noch nicht den Ernst der Lage erkannt. Dann erstarrte ich vor Schreck. »Sven, das gibt's doch nicht!« Aufgeregt zerrte ich an seinem Ärmel. »Da hinten, das sind doch deutsche Soldaten!« Hinter dreifachem Stacheldraht kauerten Männer in zerlumpten Uniformen erschöpft und finster dreinschauend. An den Ecken der Absperrung ragten hölzerne Wachtürme empor.

»Kriegsgefangene!«, flüsterte Sven, ohne mich anzusehen. Alle Farbe war aus seinem Gesicht gewichen. Angestrengt starrte er vor sich hin, er schien mich vollkommen vergessen zu haben. Erst da »dämmerte« es mir. Mit unglaublicher Wucht stürzte ich aus meinen schönsten Mädchenträumen in die Brutalität einer mir unbekannten Wirklichkeit. Ich wurde schlagartig erwachsen. Der Krieg hatte mich eingeholt, jetzt war auch ich eines seiner Millionen Opfer.

Ein Dolmetscher teilte uns mit, wir kämen in ein Quarantänelager, wo wir uns zwei, höchstens drei Wochen aufhalten müssten, bevor wir in unsere Heimat überstellt würden. Anschließend ließ man uns zum Zählappell antreten, ein Ritual, das mich noch lange begleiten würde. Das

Verlesen unserer Namen dauerte ewig. Zum Zählen benutzten sie »Rechenmaschinen«, kleine Holzrahmen mit auf Draht gezogenen farbigen Holzperlen. Als die Zahlen endlich mit den Listen übereinstimmten, marschierten wir mit unserem Gepäck durch das Lagertor. Vor einem Tisch in einer Baracke mussten wir uns anstellen, um uns registrieren zu lassen, was nichts anderes hieß, als dass der wachhabende Offizier unsere wertvollen Papiere an sich nahm und uns eine Quittung ausstellte.

Nun wurden wir einzeln in einen Nebenraum geführt. Dort befand sich ein langer Tisch unter einer grellen Lampe, dahinter standen zwei Wachhabende, die mich mit Handzeichen aufforderten, meinen Koffer auf den Tisch zu legen. Ich mühte mich ab, ohne dass sie auch nur mit der Wimper gezuckt hätten. Als ich das gute Stück endlich oben hatte, musste ich den Koffer öffnen und zurücktreten. Mit großem Interesse beugten sie sich über meine Habseligkeiten und ließen jedes Stück durch die Finger gleiten. Ich war empört über diese Behandlung, zumal die Männer sich ganz offensichtlich über meine Unterwäsche amüsierten. Damals wusste ich nicht, dass wir immer noch bevorzugt behandelt wurden. Unser Gepäck wurde nicht gefilzt, sondern nur oberflächlich durchsucht. Wir konnten alles bis auf Messer und Scheren, die abgegeben werden mussten, wieder einpacken und mit in unsere Baracke nehmen. Einige wenige Mitreisende waren jedoch so vorausschauend und hatten diese wertvollen Schätze bereits vorher in einem unbeobachteten Augenblick in ihrer Kleidung versteckt.

Wir wussten immer noch nicht, wo wir uns genau befanden. Doch das Rätsel konnte schnell gelöst werden. Während wir noch auf die Zuweisung der Zimmer warteten, war es einigen von uns gelungen, über den hohen Holzzaun zu spähen. Dahinter erstreckte sich das eigentliche Lager mit vielen Baracken, einem kleinen Steinhäuschen in der Mitte, vier hohen Wachtürmen an den Ecken, dreifachem Stacheldrahtzaun ringsherum mit frisch geharktem Sandboden, dazwischen auch noch ein paar Ringelblumenbeete. Mittendrin unzählige Soldaten in deutschen Landseruniformen und mindestens ebenso viele in Offiziersuniformen, sogar mit Goldstreifen an den Hosen! Selbst die Epauletten hatten sie noch auf ihren Uniformjacken! Recht gut genährt sahen sie auch aus. Wir waren im berühmtesten Lager der Sowjetunion gelandet: in Krasnogorsk – Lager 27 – Zone I, in der Nähe von Moskau. Ganz überraschend hatten wir also die höchst zweifelhafte Ehre, mit der Militärelite des untergegangenen Deutschen Reiches in einem Lager zu sitzen, getrennt nur durch einen hohen Staketenzaun.

Den 120 bis 130 Personen unseres Diplomatentransports hatte man eine lange Holzbaracke zugewiesen, die von den anderen getrennt war. Nach Nationalitäten wurden wir in einzelnen Zimmern untergebracht. Sie waren durch einen langen Gang verbunden, an dessen Ende sich ein Waschraum befand mit wenigen Becken und vier, fünf Wasserhähnen sowie einer Toilette mit Wasserspülung – der letzte Luxus, den ich für die nächsten zwei Jahre genießen sollte. Handtücher gab es natürlich nicht, dafür aber hin und wieder eine Art Toilettenpapier, äußerst knapp berechnet, aber immerhin: ein letztes Privileg für die »Diplomaten«.

Die Schlafräume waren spartanisch eingerichtet, aber sauber. In langen Reihen standen an den Wänden Etagenbetten aus grobem Holz mit Strohmatratzen und Felddecken und in der Mitte waren ein Holztisch und zwei Bänke. Wir wurden im Zimmer der Skandinavier untergebracht zusammen mit ungefähr weiteren zwanzig »Nordlichtern«, darunter Dänen, Schweden, Norweger und ein Finne. Sven konnte nun jeden Morgen seine Bettnachbarn auf Norwegisch begrüßen und alle verstanden ihn.

Nach Tagen der Enttäuschung, der Unruhe und Empörung haben wir uns mit der neuen Situation arrangiert. Anfangs schrieben einige wütende Beschwerdebriefe an die Lagerleitung, die wohl alle ungelesen in irgendwelchen Schubladen landeten. Nun machte sich Langeweile breit. Von irgendwoher tauchten Schachbretter und Figuren auf. Ein deutscher Botschaftsangestellter hatte sogar einen Pack Skatkarten ins Lager gerettet. Aber auch das half wenig. Der Tag zog sich endlos lang hin. Abwechslung brachte das warme »Mittagessen« – es wurde in hohen blauen Kübeln aus dem Lager nebenan geholt und auf Aluminiumtellern verteilt. Morgens und abends gab es Brot mit einem kleinen Stück Butter und täglich einige Gramm Zucker.

Von den russischen »Ordonnanzen«, vom deutschen Lagerarzt Doktor Oswald Kaufmann und auch vom Lagerältesten Meiner erfuhren wir nach und nach mehr über unser neues Zuhause. Krasnogorsk war das Lager für deutsche Generäle, in dem die Generäle Seidlitz und Friedrich Paulus zum Ende des Krieges das »Nationalkomitee Freies Deutschland« gegründet hatten! Als wir dort eintrafen, waren die beiden Generäle schon nicht mehr im Lager; dafür aber einige andere bekannte Militärs wie der Jagdflieger »Assi« Hahn, Freiherr von Stubbendorf oder Freiherr von Wangenheim, der Goldmedaillengewinner der »Military« bei der Olympiade 1936.

Ganz allmählich begann sich unser »Diplomatenkarussell« zu drehen – im wahren Sinne des Wortes, denn täglich wanderten wir für mehrere Stunden im Kreis, in einem mit Ringelblumen bepflanzten kleinen Garten, den man neben der Baracke angelegt hatte. Und während wir Runde für Runde abschritten, entspannen sich die heftigsten Diskussionen, politische oder rein private Auseinandersetzungen, dazu Intrigen und Denunziationen. Überall wurden wir beobachtet und belauscht. Nicht nur von den einheimischen Ordonnanzen, die uns bedienten und mittags das Essen brachten, sondern auch von Meiner, der aus dem angrenzenden Lager der Offiziere zu uns kam. Er war ein gepflegter Mann mit einem kleinen Spitzbart. Besonders auffallend waren seine Hände, lang und schlank, richtige Pianistenhände. Er war intelligent und sehr verbindlich. Seine Manieren untadelig. Von Anfang an versuchte Meiner, unser Vertrauen zu erschleichen. Tagelang saß er in unserer Baracke, erzählte vom Lagerleben und schimpfte auf die Russen, was das Zeug hielt. Stets brachte er etwas Besonderes mit, Tee, Zucker oder etwas Fett. Und im Nu hatte er sein Ziel erreicht. Viele vertrauten ihm wirklich und erzählten nun ihrerseits aus ihrem Leben. Bald konnten wir beobachten, wie von Zeit zu Zeit einzelne Mitgefangene in Meiners Zimmer verschwanden, aus dem es dann verdächtig gut nach echtem Kaffee roch.

So vergingen Wochen voller Verzweiflung. Zunächst waren die Russen durchaus freundlich und verständnisvoll. Sie gönnten uns eine Zeit der Eingewöhnung. Doch dann begannen die Verhöre. Wir wurden einzeln in ein Haus außerhalb des Lagers gebracht, was jedes Mal große Aufregung und Unruhe unter den Zurückgebliebenen auslöste.

Und eines Abends war ich an der Reihe. Als ich mit zwei schwer bewaffneten Wachen das Lager verließ, dämmerte es bereits. Zum ersten Mal seit Wochen war ich von Sven getrennt. Ich zitterte vor Angst. Alles Furchtbare, was ich je über Sowjetsoldaten gehört hatte, schwirrte mir durch den Kopf.

Man führte mich in ein kleines, fensterloses Zimmer, in dem ich von einem Offizier mit blauer Mütze höflich begrüßt wurde. In ausgezeichnetem Deutsch bot er mir einen Platz an. Er lächelte mir freundlich zu und schaute auf meine Hände, die ich vor Aufregung ineinander verknotet hatte. »Sie müssen keine Angst vor uns haben«, versuchte er mich zu beruhigen. »Wir wollen nichts von Ihnen. Nur ein paar Informationen. Sie wollen doch mit uns zusammenarbeiten, oder?« Ich konnte nur stumm nicken. Was um Gottes willen wollte er ausgerechnet von mir? Ich war sicherlich das harmloseste Geschöpf aus unserem Transport. Keine Diplomatin, noch nicht einmal die Frau eines norwegischen Geheimnisträgers, sondern nur eine eher zufällig Mitreisende.

Er holte aus einer Mappe Fragebögen und das Verhör begann. Zunächst fragte er mich nach meinem Geburtsdatum, meinem Herkunftsort, meiner Schule, meinen Eltern, meinem letzten Wohnsitz und Ähnlichem. Je länger die Befragung dauerte, umso mehr hatte ich das Gefühl, er wusste meine Antworten bereits im Vorfeld. Jedes Mal, wenn ich sprach, nickte er oder hob die linke Augenbraue, wenn ich mich vor Aufregung verhaspelte. Dann klopfte er mit dem Bleistift dreimal kurz auf den Schreibtisch und seine Stimme nahm einen schärferen Ton an. Seine Art verwirrte mich zunehmend. Sie weckte in mir Schuldgefühle. Ich kam mir vor wie eine Verbrecherin.

Was ich getan haben sollte, war mir nicht bewusst, aber es musste doch einen Grund geben, warum ich so behandelt wurde.

Als er auf meine politische Vergangenheit zu sprechen kam, wurde er sehr streng. Natürlich habe ich sofort zugegeben, wie fast alle in der Hitlerjugend und im BDM gewesen zu sein. Mitglied der NSDAP war ich nie gewesen, ebenso wenig wie meine Eltern. Da stutzte er. »Das kann nicht sein!«, fuhr er mich an. »Jeder Deutsche war in der Partei!« – »Wir aber nicht!«, entgegnete ich mutig. So ging es dann ungefähr eine Stunde. Er fragte, ich antwortete und er versuchte, mich einer Lüge zu überführen. Am Ende war ich so eingeschüchtert, dass ich mich beinahe selbst für eine Agentin der Nazis gehalten hätte.

Auf dem Höhepunkt meiner Verzweiflung wurde sein Verhalten schlagartig einschmeichelnd sanft. Er stand auf, trat hinter mich und legte mir seine Hand auf die Schulter. »Beruhigen Sie sich doch, Frau Erichsen.« Es war das erste Mal auf dieser Reise, dass ich so genannt wurde. »Wir wollen doch nichts von Ihnen, aber leider müssen wir überprüfen, wie ehrlich unsere Gäste sind.« Ich horchte auf und versuchte instinktiv, mich gegen das zu wappnen, was nun kommen würde. »Und nicht jeder ist so ehrlich wie Sie. Es leben einige Kriegsverbrecher unter Ihnen, die wollen wir ausfindig machen und bestrafen.« Inzwischen hatte er wieder auf seinem Stuhl Platz genommen und schaute mir direkt in die Augen. »Sie wollen das doch sicherlich auch. Werden Sie uns also helfen und sich ein wenig umhören?«

Das war es also, was er von Anfang an gewollt hatte. Ich sollte als Spitzel fungieren, ausgerechnet ich. Inzwischen hatte ich etwas von meiner Sicherheit zurückgewonnen und die Wut über ein solches Ansinnen tat das Ihre. »Ich helfe immer gern, aber das geht gar nicht!«, platzte es aus mir heraus. »Nein, das kann ich auch gar nicht. Ich habe keine Ahnung von Krieg und Politik. Die anderen nehmen mich ja nicht einmal für voll und sprechen mit mir nur über das Wetter, wenn überhaupt.« Erschreckt über meine eigene Courage verstummte ich und wartete auf einen Wutausbruch oder eine noch schlimmere Sanktion. Doch nichts davon geschah. Stattdessen klappte der Offizier meine Akte zu und schickte mich mit einem Kopfnicken zu den Wachposten vor die Tür.

Der tägliche Trott ging weiter. Ab und zu durften wir die Lagersauna benutzen, aber das war auch schon alles. Die Spannungen zwischen den Männern wuchsen. Jeder war zur Untätigkeit verdammt, manche konnten damit überhaupt nicht umgehen. Sven hatte sich aus dem Nachbarlager der Offiziere eine Art Messer und andere abenteuerliche Werkzeuge besorgt. Alle waren handgefertigt, aus Löffeln und Blechnäpfen, und wurden gegen Zucker oder Butter eingetauscht. Wann immer er Zeit fand und sich sicher glaubte, zog er sich in eine Ecke unseres Zimmers zurück und schnitzte kleine Holzfiguren oder reparierte, was zu Bruch gegangen war. Mit seinen Händen arbeitete er gegen die lähmende Langeweile und zunehmende Verzweiflung. Die Wochen und Monate gingen dahin und zermürbten uns mit unerbittlicher Beschleunigung.

»Sven, warum kümmerst du dich gar nicht um mich? Warum sprichst du immer nur mit den anderen und nicht mit mir?«, klagte ich immer öfter. Sein Optimismus, sein Charme war verloren gegangen, seine Seele irgendwie zerbrochen. Er entwickelte sich mehr und mehr zum Einzelgänger. Er wurde schweigsam, konnte Nähe und Berührungen kaum noch ertragen. Selbst an den allgemeinen Fantastereien, an dem Wunschdenken über baldige Heimtransporte beteiligte er sich nicht mehr. Der tägliche Wechsel zwischen Hoffnung und völliger Verzweiflung legte sich um seine Seele wie eine Zwangsjacke. Wie beruhigend wäre es gewesen, wenn er einfach einmal den Arm um mich gelegt oder mich wenigstens als gleichwertige Partnerin in seinem Unglück betrachtet hätte: Aber mit jedem Tag wurde ich mehr zum kleinen Dummerchen für ihn. Langsam erwies sich, wie überstürzt unsere Heirat gewesen war. Svens gut gemeinte Absicht, mich so schnell wie möglich von dem Chaos weg nach Norwegen zu bringen, war gescheitert. Wir befanden uns in einer Welt, die von dem alles zerstörenden Krieg und dem Wunsch nach Rache und Bestrafung geprägt war. Wie schrecklich naiv wir doch gewesen waren.

Je mehr sich Sven von mir abwandte, umso heftiger klammerte ich mich an ihn. Die Spannungen zwischen uns nahmen zu. Ich war unendlich verzweifelt und enttäuscht. All meine Träume von einer schönen Zukunft an der Seite eines starken Mannes waren zerplatzt wie eine Seifenblase. Da geschah plötzlich etwas, das meinem jungen Leben eine Wende gab.

Im Nachbarlager der Offiziere gab es eine Krankenstation, die von einem ehemaligen Militärarzt geleitet wurde. Da unsere Bewachung längst nicht so streng gehandhabt wurde wie die der Kriegsgefangenen, hatten wir freien Zugang zu dieser Krankenstation, zumal auch wir dort medizinisch versorgt wurden. In einer Mischung aus Verzweiflung und Langeweile ging ich einfach eines Tages dorthin. Ich suchte Beschäftigung und der Lagerarzt Dr. Oswald

Kaufmann, ein geborener Hamburger, nahm mein Hilfegesuch dankbar an. Er hatte ausgezeichnete Beziehungen zur Lagerleitung, die sein medizinisches Engagement und seine vermittelnde Integrität respektierte. Ein kurzes Gespräch genügte und man erlaubte mir, jeden Tag zur Arbeit in die Krankenstation zu gehen.

Meine Tätigkeit bestand aus einer Vielzahl von Hilfsdiensten. Ich schrubbte die Böden und den Behandlungstisch, wickelte Verbände, die wir immer wieder auswuschen oder aus alter Baumwollkleidung fertigten, verteilte Essen und bezog die Betten. Kurzum: Ich war Mädchen für alles. Manchmal saß ich einfach nur an den Betten, lauschte den Erzählungen der Soldaten und versuchte, Hoffnung zu geben, obwohl ich selbst kaum noch an einen guten Ausgang dieses Abenteuers glaubte. Eigenartigerweise fiel es mir mit jedem Tag leichter, von »der Zeit danach« zu sprechen. Ich erwischte mich sogar dabei, wie ich fröhlich vor mich hinpfiff, während ich Töpfe abwusch, obwohl meine Finger vom heißen Wasser ganz rot und schrumpelig waren. Wie konnte das möglich sein? Es war noch gar nicht lange her, da war ich noch völlig verzweifelt gewesen und nun stand ich mitten in der Wildnis, irgendwo in Russland, und fand, dass mein Leben wieder einen Sinn bekommen hatte.

Die kalte, ungemütliche Jahreszeit brach an. Die wenigen warmen Sachen, die ich aus Berlin mitgenommen hatte, waren viel zu dünn. Deshalb trug ich meist alles, was ich besaß, übereinander. In Berlin wäre ich in solch einem Aufzug vor Scham gestorben. Hier im Lager aber fühlte ich mich schön. Und nicht nur wegen der vielen bewundernden Blicke, mit denen ich von den Männern um mich herum bedacht wurde.

Die zunehmende Kälte und Unterernährung vieler Offiziere – ihre Rationen waren wesentlich kleiner und schlechter als unsere – brachten es mit sich, dass es auf der Krankenstation immer mehr zu tun gab. Manchmal arbeitete ich zehn bis zwölf Stunden dort. Eines Abends nach einem besonders aufreibenden Tag, ich wollte mich gerade auf den »Heimweg« machen, bat mich Doktor Kaufmann noch einen Moment zu bleiben. »So gehen Sie mir nicht zurück!« Er nahm mich bei der Hand und führte mich zu dem einzigen bequemen Stuhl in der ganzen Baracke, auf dem ich Platz nahm. »Erst mal was zum Wärmen!« Aus den Tiefen seines Arzneischranks zauberte er eine Flasche Wodka hervor, von dem er mir reichlich einschenkte. Dann rückte er einen Stuhl heran, entzündete eine Kerze und sah mir liebevoll in die Augen: »Und nun erzählen Sie mal, wie es Ihnen geht!«

In der Baracke war es angenehm warm, der Wodka, den ich nicht gewohnt war, gab mir das Gefühl zu schweben und vor mir saß ein Mann, der wirkliches Interesse an mir zeigte und noch dazu gut aussah. Was wollte ich mehr! Und ich erzählte! Einen ganzen Abend lang breitete ich alles vor ihm aus, was mir in meinem kleinen Leben bis dahin widerfahren war. Oswald Kaufmann war ein guter Zuhörer. Er stellte die richtigen Fragen und konnte schweigen, wenn es ratsam war. Als ich nach Stunden endlich am Ende meiner Geschichte angelangt war, hielt er meine Hand, die er zärtlich streichelte. Verwirrt zog ich sie zurück, um die Seine sofort wieder zu ergreifen. Es war einfach passiert, ohne dass ich mich hätte wehren können: Ich, die neunzehnjährige Susanne, erst wenige Monate verheiratet, hatte mich mit Haut und Haaren verliebt. Der Schreck saß tief, das Glück aber auch.

Auf die erste Euphorie der Verliebtheit folgte eine Phase der vollkommenen Ruhe und Gelassenheit. Oswald Kaufmann gab mir Lebensfreude und Zuversicht. Uns verband mehr als eine oberflächliche Liebelei. Es war kein kleiner Seitensprung, keine Ablenkung in einer verrückten Welt. Es war wahre Liebe. Dieses Band zwischen uns zu festigen, war in den beengten Lebensbedingungen äußerst schwierig. Wie alle Liebenden drängte es auch uns nach Intimität, nach Stunden voller Zweisamkeit, in denen wir uns ausloten und finden konnten. Doch hier wurde jeder von jedem mit Argwohn und Neid überwacht.

Der einzige Raum, der uns Rückzugsmöglichkeiten bot, war das Untersuchungszimmer der Krankenstation. So wurde dieser nüchterne, sterile Ort für uns zu einem Liebesnest, das uns auch das Waldorf Astoria nicht hätte besser präsentieren können. Wir – die beiden nach außen hin übereifrigen Helfer der Kranken – zogen uns zu den unmöglichsten Tages- oder Nachtzeiten wie Verschwörer dorthin zurück. Wenn gerade keine »Sprechstunde« war, schlich ich mich unauffällig und diensteifrig hinein. Oswald wartete meist schon. Jedes Mal hatte er eine kleine Überraschung bereit, von echtem Bohnenkaffee oder Wodka bis hin zum aufputschenden Pervitin, das er mit in die Gefangenschaft geschmuggelt hatte, konnte ich alles von ihm bekommen. Selbst Morphium gab es in seiner Giftküche. Als ich Wochen später eine heftige Nierenkolik bekam, spritzte er mir seine letzte Ampulle.

Oswald vermittelte mir das Glück der Liebe, sowohl geistig als auch körperlich. Die kurzen, flüchtigen Liebeserlebnisse mit Sven waren immer etwas hektisch und eigentlich eher ernüchternd gewesen. Nun durfte ich die schönen Seiten der Liebe kennen lernen. Unser Liebesleben spielte sich auf dem Fußboden hinter einem Paravent ab, wo wir uns auf einer dünnen Matratze ein kleines Nest gebaut hatten. Oswald war ein sehr erfahrener, temperamentvoller Liebhaber, aber auch diszipliniert und umsichtig: »Meine liebste Susanne«, pflegte er zu sagen, »ob es dir gefällt oder nicht, ich muss aufpassen, damit du nicht schwanger wirst, das kann ich unter den gegebenen Umständen nicht verantworten!«, und ich war so leichtsinnig, das schade zu finden.

Wenn wir uns glücklich in den Armen hielten, erzählte er mir aus seinem Leben. Er sei ein stolzer Hanseat und hoffnungsvoller Arzt gewesen, bis der Krieg ihn zum Militärarzt machte. Als einer von wenigen war er lebend aus dem Stalingradkessel herausgekommen und schon über zwei Jahre in Gefangenschaft. Er kooperierte mit den Russen, aber zum »Nationalkomitee Freies Deutschland« gehörte er nicht.

Sven hat von meinem Glück, wie alle anderen im Lager auch, bald mitbekommen. Ich habe gebeichtet und mich mit ihm gründlich ausgesprochen – er war unglücklich, aber hat sich sehr verständnisvoll, sehr ritterlich verhalten. Er sagte nur: »Mein liebes Kind, ich weiß schon länger alles, habe die Entwicklung mit etwas Schmerz und wohl auch Neid beobachtet! Oder glaubst du vielleicht, man hat dich nicht gesehen, wie du des Nachts aus dem Fenster auf das Barackendach der Krankenstation geklettert bist, als die Wachen dort laut polternd an die Tür hämmerten?« Einige Barackeninsassen waren mir nun missgünstig gesonnen; irgendwie verständlich angesichts der einsamen und traurigen Situation hier. Natürlich wussten auch die Aufpasser und die Obrigkeit der Lagerverwaltung über uns Bescheid. Sie respektierten allerdings die Autorität des hoch qualifizierten Facharztes, der für das Lagerleben eine wichtige Funktion hatte.

Inzwischen war es Winter geworden. Wir saßen nun bereits fünf Monate in diesem Lager fest und den meisten Mitgliedern des »Diplomatentransports« war es mittlerweile gelungen, in ihre Heimat weiterzureisen. Die Mitglieder des Roten Kreuzes hatten als Erste das Lager verlassen, hauptsächlich, weil sie namentlich bekannt waren und international gesucht wurden. Dann folgten die wirklichen Diplomaten mit ihren Mitarbeitern. Übrig blieben Menschen wie wir, Ausländer, die den Krieg irgendwie in Berlin überlebt hatten und voller Hoffnung mit ihren Angehörigen auf diesen Transport gegangen waren. Wir wurden nicht gesucht, weil niemand von unserem Verbleib wusste. Wir waren Gestrandete in einem fremden Land.

Eines Tages Ende Dezember 1945 wurde es Sven zu viel. Zusammen mit einigen norwegischen Mithäftlingen drohte er der Lagerleitung mit Hungerstreik, falls sie nicht sofort nach Norwegen entlassen würden. Kaum hatte er seine Meldung beim Lagerkommandanten erstattet, da erschien ein hoher NKWD-Offizier in unserer Baracke. Lange saß der Major in Meiners Zimmer. Dann wurde Sven gerufen.

Mir war überhaupt nicht wohl bei der Sache. Über eine Stunde hielten ihn die Russen fest. Nach dem Verhör kam er leichenblass und schweigsam in unser Zimmer zurück. Nervös wich er meinem fragenden Blick aus und begann, seine Sachen zusammenzupacken. Er bewegte sich mechanisch wie eine Puppe.

»Sven, sag was«, flehte ich ihn an, »du musst mir sagen, was los ist!« Er lächelte mir traurig zu.

»Was soll schon sein? Die Jungs und ich fahren!« Er setzte sich neben mich auf das Bett. »Du musst mir glauben. Ich habe wirklich gekämpft für dich, aber alles war umsonst. Du musst morgen wieder nach Berlin, weil du noch keinen norwegischen Pass hast. Sei nicht traurig, auch du kommst nach Hause zurück, das ist doch auch schon was, oder?«

Ungeschickt tätschelte er meine Hand. Ich war völlig fassungslos. Von einer Sekunde auf die andere hatte ich die beiden wichtigsten Menschen meines unsicheren Daseins verloren: Sven, meinen väterlichen Freund, und Oswald, meinen Geliebten und Lebensinhalt. Das konnte und wollte ich nicht tatenlos hinnehmen. Ohne zu überlegen, was ich tat, stürzte ich aus dem Zimmer.

Erst vor der Tür des Lagerkommandanten kam ich zum Stehen, holte tief Luft und klopfte. Ich zitterte wie Espenlaub vor Angst, vor Kälte, vor Verzweiflung. Man rief mich herein und vor mir stand der NKWD-Major, als hätte er bereits auf mich gewartet. Er war höflich, aber völlig unbeteiligt. Meine Tränen, mein Betteln und mein Zorn erreichten ihn nicht. Stattdessen musterte er mich interessiert wie ein Botaniker, der einer neuen Spezies ansichtig wird. Als ich endlich geendet hatte, sagte er nur ein Wort: »Njet!«

Noch am gleichen Abend verließen Sven und die anderen Norweger das Lager. Völlig mut- und hoffnungslos schlich ich mich zu Oswald in die Krankenstation. Wir hielten uns fest und versuchten, uns gegenseitig zu trösten. Oswald war fest davon überzeugt, dass wir uns in der Freiheit wiedersehen würden. »Und dann heiraten wir!« Ich war verzweifelt und völlig misstrauisch gegenüber dem, was mir als Nächstes bevorstand. An diesem Abend bin ich nicht in meine Baracke zurückgegangen. Ich war schon gestraft genug, da konnten mich die Drohungen der Russen nicht erreichen. Kurz vor fünf Uhr morgens hieß es dann endgültig Abschied nehmen. Ich ließ meinen Tränen freien Lauf. Mein Geliebter umarmte mich fest und küsste mich ein letztes Mal.

»Weißt du, meine Kleine«, tröstete er mich, »schlimmer als hier kann es nirgendwo sein!«

Ein beinahe tödlicher Irrtum!

7 *Hunger, Arbeit, Hoffnung*

Völlig aufgelöst war ich in unser Zimmer zurückgekehrt, als auch schon eine der Wachen erschien. »Alle restlichen Deutschen werden über ein Sammellager nach Berlin zurückgebracht!«, hieß es. Minuten später summte die Baracke wie ein Bienenstock. Aufgeregt rannten die deutschen Internierten durch die Zimmer, packten ihre Sachen, bejubelten die verheißungsvolle Nachricht und verabschiedeten sich. Nur ich saß lustlos auf meiner Pritsche und hing meinen düsteren Gedanken nach. Wenige Stunden später ließ man uns antreten. Auf der Ladefläche des klapprigen Lastwagens drehte ich mich noch einmal um. Vor mir lag das Lager und ganz hinten auf dem Dach der Krankenstation konnte ich eine einsame Gestalt erkennen: Oswald, der mir zum Abschied winkte.

Wir wurden an einer Rampe irgendwo in der Nähe von Krasnogorsk in einen Zug verladen, der gar nicht komfortabel war. Statt in einem Abteil landeten wir in einem Viehwaggon, der mit Stroh ausgelegt war. Es war tiefster Winter und fürchterlich kalt. Ein scharfer Wind zog durch die Ritzen. Einzige Wärmequelle war ein kleiner Kanonenofen an der Stirnwand, den wir allerdings aus Angst vor einem Brand bald ausgehen ließen. Dann wurden die

Türen von außen verriegelt und die altbekannte Rangiererei begann von neuem. Draußen war es kaum heller als in unserem Waggon. Durch die Ritzen sahen wir, wie die Landschaft allmählich hinter einem dichten Vorhang aus Schneeflocken verschwand. Der Schnee setzte sich nach und nach in den Fugen fest und es wurde etwas wärmer in unserem Waggon. Die Freude währte nicht lange. Schon bald wurde das Stampfen des Zuges durch das immer stärker werdende Heulen des Windes überdeckt. Mühsam kämpfte sich die altersschwache Lok voran. Als der Wind sich zum Sturm steigerte, musste sie aufgeben. Wir standen fest – einen Tag und eine Nacht lang irgendwo in der russischen Wildnis, dem Toben und Wüten eines Schneesturms ausgesetzt, wie ich ihn noch nie zuvor erlebt hatte. Um in unseren dünnen Mänteln nicht zu erfrieren, sie hätten bestenfalls in einem verregneten westeuropäischen Winter ausreichende Dienste getan, stopften wir das Stroh in die großen Ritzen des Viehwaggons. In einer windgeschützten Ecke rückten wir so eng wie möglich zusammen, innen die Alten und Kinder, wir Jüngeren außen herum. Wir lagen zwar hart, aber konnten uns gegenseitig etwas Wärme geben. Nach ein paar Stunden schlief ich ein.

Als ich wieder aufwachte, hatte sich der Sturm gelegt. Es war ganz still. Wir hatten die dunklen Stunden überlebt. Wenig später schlugen Wachen mit Vorschlaghammern die zugefrorenen Türen auf und reichten uns etwas Wasser und Brot. Sie zählten uns durch und stellten zufrieden fest, dass niemand erfroren war. In den anderen Waggons hatte es Tote gegeben. Ihre Leichen wurden einfach auf den Kohlenwagen geworfen. Nach weiteren endlosen Stunden wurde die altersschwache Lock wieder unter Dampf gesetzt und wir zuckelten weiter.

Ich hatte jegliches Gefühl für Ort und Zeit verloren. Irgendwann wurde unser Waggon abgekoppelt und an einen anderen Zug gehängt. Als ich hungrig, durstig und klamm vor Kälte schon jegliche Hoffnung aufgegeben hatte, hielt der Zug vor einem bahnhofsähnlichen Gebäude, irgendwo im russischen Niemandsland. Nun mussten wir, die rund fünfzehn mitgenommenen Deutschen des »Diplomatentransports« und Familienangehörige des »Berliner Transports« sowie andere Kriegsgefangene, die sich in diesem Zug befunden hatten, auf Lastwagen klettern. Aber statt amerikanischer Studebaker erwarteten uns klapprige russische Gefährte.

Auf die anderen Kriegsgefangenen müssen wir einen sehr unwirklichen Eindruck gemacht haben. Wir sahen aus wie Abgesandte einer untergegangenen Kultur: verzweifelt, halb erfroren, aber recht gut gekleidet. Wir trugen westliche Schuhe und Mäntel, dazu Handtaschen und Koffer, der letzte Schick, doch für das Überleben im russischen Winter vollkommen ungeeignet. Die Gefangenen, die schon längere Aufenthalte in mehreren Lagern hinter sich hatten, waren in wattierte Hosen und Jacken gekleidet, hatten Pelzmützen auf dem Kopf und an den Füßen Filzgaloschen, die mit Draht oder Bändern zusammengeschnürt waren. Manche waren völlig verdreckt und abgemagert. Ihre Augen blickten leer.

Das neue, riesengroße Lager hatte auch die obligaten Wachtürme und war durch drei Reihen Stacheldraht gesichert. Dahinter waren im Dämmerlicht lang gestreckte Baracken auszumachen. Ihre Fenster waren nur schwach erhellt. Um mich herum schien alles so trostlos, wie es schlimmer nicht hätte sein können. Das flache Land, in der Ferne wenige Steinhäuser. Kein Baum, kein Strauch, nichts! Nur weiße Wüste, über der ein bleigrauer Himmel hing. Schnell war jedwede Hoffnung auf eine Zwischenstation Richtung Heimat verloschen.

Dieser Ort hier schien vergessen vom Rest der Welt. Wir befanden uns in Stalinogorsk, in jenem großen Sammellager ungefähr zweihundert Kilometer südlich von Moskau, in dem viele deutsche Kriegsgefangene und Deportierte, politisch verfolgte Polen, Ukrainer und Russen interniert waren. Neben diesem Hauptlager gab es eine Vielzahl von kleineren Außenlagern. Sie alle versorgten das riesige Kohlerevier und Industriegebiet um Stalinogorsk mit Arbeitskräften für den Wiederaufbau des kriegszerstörten Russland.

Ich wankte zu der Baracke, die man mir zugewiesen hatte, hundemüde und froh, endlich eine Strohmatratze auf einer Pritsche, eine »Koika«, ergattert zu haben. Bevor ich, vollkommen angezogen, auf die Strohmatratze kriechen konnte, wurde ich allerdings noch gefilzt. Für die Durchsuchung mussten wir unsere gesamten Habseligkeiten auf dem Boden ausbreiten. Der Lagerleiter und sein Stellvertreter, der politische Führungsoffizier und eine Ärztin führten die Inspektion durch. Sie wühlten in unseren Sachen, tasteten jeden Saum ab und fragten drohend immer wieder nach scharfen Gegenständen. An unseren Uhren und verbliebenen Wertgegenständen waren sie erstaunlicherweise gar nicht interessiert. Eine Zeit lang konnten wir sie noch behalten. Später haben wir sie, wenn sie uns nicht vorher schon gestohlen worden waren, gegen Lebensmittel eingetauscht.

Als ich am nächsten Morgen in dieser trostlosen Umgebung erwachte, überkam mich ein tiefes inneres Frösteln. Neben mir lagen Frauen, die bereits im Januar oder Februar 1945 von Russen verschleppt worden waren. Sie hatten Schreckliches hinter sich, Vergewaltigungen, Hunger, Auszehrungen, Demütigungen und härteste Arbeit. Mich packte die nackte Angst, die sich wie eine eiskalte Klammer um meinen Brustkorb legte. Mein ganzer Körper wurde starr und ich konnte kaum atmen. Mein Kopf war nur von einem Gedanken erfüllt: Das alles kann doch nicht wahr sein! Warum gerade ich? Ich hatte nichts mit dem Krieg zu tun gehabt, war doch nur ein kleines, unbedeutendes Ding aus Berlin. Ich wollte aufwachen aus diesem schrecklichen Traum. Aber es war kein Traum, sondern bittere Wirklichkeit und mit der hatte ich mich jetzt schnell abzufinden, wenn ich nicht untergehen wollte. Bis das Gefühl der Unausweichlichkeit, bis diese ungeschminkte, brutale Wahrheit mein Bewusstsein durchdrang, sollte noch einige Zeit vergehen. Ich durchlebte eine Veränderung, die meine Psyche in ihren Tiefen und Verästelungen dauerhaft prägte. Ich habe mein Schicksal als eine Herausforderung angenommen und mein Denken und Handeln aufs Überleben ausgerichtet. Alles Hadern führt nur zur Selbstaufgabe. Viele um mich herum ergaben sich der Verzweiflung und überlebten dennoch irgendwie. Die Schrecken der russischen Lager haben sie ein Leben lang nicht losgelassen.

Wir mussten zur Untersuchung bei der Lagerärztin antreten. Anna Ivanowna prüfte uns nur recht oberflächlich und teilte uns in die verschiedenen Arbeitsgruppen ein. Ich war jung, erst neunzehn Jahre alt, gesund und dank Krasnogorsk vergleichsweise gut ernährt, deshalb wurde ich einer Brigade zugewiesen, die Schwerstarbeit zu leisten hatte. Mit anderen Frauen und deutschen Kriegsgefangenen wurde ich verpflichtet, am Aufbau der Stadt Stalinogorsk mitzuhelfen. Und so habe ich meinen winzigen Beitrag dazu geleistet, das vom Hitlerwahn zerstörte Russland wieder zu errichten.

Anschließend wurden wir zu einer Kleiderkammer geschickt, wo ich meine Wintersachen in Empfang nahm: eine wattierte Jacke, eine unförmige, gesteppte und wattierte Hose, ein Paar Fußlappen als Strumpfersatz, ein Paar zusammengeflickte Handschuhe und ein Paar Filzstiefel ohne Sohle und Absatz, die bis zum Knie gingen und sehr warm waren. Das Fußlappenwickeln war eine Kunst für sich. Es war lebensnotwendig, sie richtig zu beherrschen. Ansonsten war die Gefahr groß, dass Schnee und Kälte die Füße zu wunden und blutenden Fleischklumpen werden ließen. Verbandszeug gab es nicht. Und erfrorene Zehen waren keineswegs eine ausreichende Entschuldigung, um von der Arbeit befreit zu werden. Wir hatten zu arbeiten, egal in welchem Zustand wir uns befanden. Es hieß für alle erbarmungslos: »Dawai, dawai!« Die Gewehre und Schlagstöcke sorgten für Gehorsam und Arbeitseifer. Eine Ausnahme allerdings machten unsere Bewacher. Wer an Fieber erkrankte, wurde in die Krankenbaracke gebracht.

Jeden Morgen um 5.30 Uhr mussten wir antreten zum Appell. In tiefster Dunkelheit stürzten wir hinaus auf den Platz vor den Baracken, wo wir uns zum Abzählen in Reih und Glied aufstellten. Die Anzahl der Essensrationen richtete sich nach der Anzahl der zum Appell angetretenen Personen. Immer wieder wurde versucht, auch die in der Nacht Gestorbenen als lebend mitzuzählen. Für viele bedeutete eine zusätzliche Ration einen wichtigen Schritt im Kampf ums Überleben. Für die Arbeitenden gab es 500 bis 800 g Schwarzbrot, dazu einige Löffel Zucker sowie 10 g Tabak-Machorka, allerdings ohne Papier. Für die Nichtarbeitenden, weil sie zu schwach oder krank waren, gab es nur 300 g Brot. Die Lebensmittel wurden auf primitiven Waagen abgewogen. Um jedes Gramm wurde gefeilscht, um jeden Krümel schlug man sich. Das Essen, ob eine dünne Kohlsuppe mit Heringsköpfen oder etwas anderes Erbärmliches, wurde zweimal täglich zum Lebensinhalt für jeden Gefangenen.

Da standen wir nun und die Kälte kroch uns in jede Pore. Der Wind war so scharf, dass er die Haut sprichwörtlich als Scheiben aus den Gesichtern schnitt. Alle Augenblicke betastete ich Nase, Wangen und Stirn, um zu prüfen, ob auch noch alles dran war. Zum Glück hatte ich einen wenn auch dünnen Schal in meinem Gepäck gefunden, den ich mir allmorgendlich bis zu den Augen um den Kopf wickelte. Bei beinahe jedem Appell ließ uns der Lagerleiter endlos lange warten, bevor er gemächlich mit seinem Kugelrechner unter dem Arm auftauchte, mit dessen Hilfe er die genaue Anzahl der arbeitsfähigen Lagerinsassen erfasste. Wenn er mit der Rechnerei begann, hatten wir vollkommen still zu sein. Die Namen wurden verlesen. Die Kugeln flogen in dem kleinen Holzrahmen hin und her, doch am Ende stimmte das Ergebnis nie mit den Listen überein. Dann gab es Ärger und alles fing wieder von vorne an. In den zwei Jahren, die ich in russischen Lagern verbrachte, habe ich es nie erlebt, dass ein Appell auf Anhieb geklappt hätte. Im Gegensatz zu uns machten dem Lagerleiter ein paar Minuten mehr in der Kälte nichts aus. Er war wohl genährt und dick vermummt. Mit jedem Atemzug drohten die Knöpfe seiner wattierten Jacke zu platzen. Sein Kopf wurde von einer riesigen Pelzmütze gewärmt. An den Händen trug er unförmige Handschuhe und seine Füße wurden sicherlich von warmen Strümpfen in den Walinkis geschützt.

An manchen Tagen mussten wir den Zählappell drei- oder auch viermal wiederholen. Mit jedem Mal wurde der Lagernatschalnik mürrischer, denn die vorsichtig grinsenden Gesichter einiger »Wojna Pleni« konnte er schlecht übersehen. Unter den Kriegsgefangenen gab es genügend Gebildete, die sich über die fehlende russische Effizienz amüsierten. War das Ergebnis der Zählung dann irgendwann zufrieden stellend, traten wir in Arbeitskolonnen an und marschierten zum Lagertor hinaus. Meistens dämmerte es bereits, wenn wir nach einem nicht sehr langen, aber durch die ungewohnten Walinkis recht erschwerten Fußmarsch die einzelnen Baustellen erreichten. Ich war im Häuserbau eingesetzt, irgendwo in einem Vorort der kleinen Stadt Stalinogorsk, die sich verloren und armselig aus der flachen Industrielandschaft erhob.

Die vier uns begleitenden Wachposten waren allesamt unerfahrene Jungen, eigentlich noch Kinder. Da sie mit Gewehren und Bajonetten ausgestattet waren, hatten wir ihnen Respekt zu zollen. Wenn sie laut »Stoi« riefen, mussten wir stehen bleiben. Dann wurden wir vom Polier der Baustelle und seinen Bauarbeitern in Empfang genommen. Da kaum ein Gefangener in seinem Zivilleben auf dem Bau gearbeitet hatte, war die ordnende Anwesenheit des Poliers für uns wichtig, manchmal sogar lebenswichtig. Zugleich aber stellte er für uns die größte Gefahr dar, denn er beurteilte unsere Arbeit und berichtete darüber regelmäßig der Lagerleitung. Dies zog oft unangenehme Befragungen nach sich.

Jeweils zu zweit wurden wir Frauen zum Schleppen von

Mörtel und Steinen eingesetzt. Die eine vorn, die andere hinten, beförderten wir auf einer primitiven Holztrage schwerste Bauteile, die andere Mitgefangene benötigten, um zu mauern oder andere Tätigkeiten in den Häusern zu verrichten. Den lieben langen Tag hieß das für uns nichts anderes als: aufladen, anheben, tragen, abladen. Oft mussten wir uns an bewaffneten Posten vorbeischlängeln oder die schwere Last die Stiegen und schließlich die Leitern hochwuchten. An guten Tagen durfte ich beim Mauern und Verputzen helfen. Gearbeitet wurde jeweils in einer Acht-Stunden-Schicht, nur unterbrochen von drei kurzen Zigarettenpausen, die so kurz waren, dass wir unsere Machorka-Zigaretten kaum gedreht hatten, bevor das altbekannte »Dawai, dawai!« zum Weiterarbeiten mahnte.

Die ungewohnte Schwerarbeit auf den Baustellen hatte mich schon nach wenigen Wochen so geschwächt, dass ich irgendwann gegen Ende Januar krank wurde. Ich hatte sehr hohes Fieber und konnte nur mühsam atmen. Alles um mich herum wurde ganz leicht und irgendwie verschwommen, dann wurde es dunkel. Meine Mitbewohnerinnen schleppten mich in die Krankenbaracke, wo man mich sofort auf eine Pritsche legte. Dann ging alles ganz schnell. Ich wurde auf einen Schlitten voller Stroh gepackt. Es war ein frostiger Wintertag, alles war tief verschneit, die Sonne hing vor einem stahlblauen Himmel. Ich wurde in eine Decke gehüllt und in das Stroh gewickelt. Während der Schlitten lautlos dahinsauste, bin ich ab und an aufgewacht und habe mir den Tod gewünscht. Es war ein wunderschöner Augenblick zum Sterben.

Schon nach wenigen Kilometern erreichten wir das zentrale Lazarett für Kriegsgefangene. Dort hat man mich erst einmal in das Bad, die so genannte Banja, gebracht und mit warmem Wasser übergossen. Ich war so schwach, dass ich mich kaum auf den Beinen halten konnte. Ungewohnt sauber lag ich auf einem Behelfsbett im großen Gang des Lazaretts, da alle Zimmer überfüllt waren. Trotz ungefähr 42 Minusgraden Außentemperatur war ich nur mit einer dünnen Decke zugedeckt. Zufällig kam ein netter Arzt vorbei, der sah, dass ich fror, und mir eine alte Pferdedecke besorgte. Noch am gleichen Tag kam ich in den Behandlungsraum, wo man Diphtherie diagnostizierte. Ich bekam verschiedene Spritzen und war inzwischen wie in Trance. Alles ließ ich mit mir geschehen, ich war nur froh, endlich ruhig irgendwo liegen zu dürfen. Bereits am übernächsten Tag sank das Fieber. Mein Leben war gerettet, zurück blieben unendliche Schwäche und Müdigkeit.

Zwei oder drei Wochen später wurde ich ins Lager zurücktransportiert. Alle alten Leidensgenossen waren noch da und natürlich fragte ich sie sofort nach meinen persönlichen Sachen, die in der Eile des Aufbruchs zurückgeblieben waren. Das allgemeine Erstaunen war echt. »Was? Die hat man dir doch ins Krankenhaus geschickt.« Verblüfft gab ich zurück: »Wieso ins Krankenhaus geschickt?« – »Na, das hat die russische Ärztin veranlasst. Die haben gedacht, du kommst nicht mehr zurück.« Aber ich war zurückgekommen, und zwar ohne meine Sachen. Meine ganze Habe, die letzte Erinnerung an mein altes Leben war verloren gegangen. Ich war empört und verzweifelt zugleich. Man hatte mich meiner Identität beraubt. Tags drauf nahm ich meinen letzten Mut zusammen und meldete den Vorfall den Wachen. Überraschenderweise informierten sie den Lagerleiter und den Politoffizier sofort darüber. Und damit wurde eine Untersuchungsmaschinerie in Gang gesetzt, die an Härte nicht zu überbieten war – selbst gegenüber den eigenen Leuten. Alles wurde überprüft. Zeugen wurden in die Baracke des Lagerleiters geholt und penibel befragt. Zuletzt war ich an der Reihe.

In einem Vernehmungsraum saßen an einem langen Tisch der Politoffizier und fünf Militärs sowie ein Dolmetscher. Man bot mir einen Platz an der Kopfseite an. Nach einer eindringlichen Befragung und einer anschließenden Debatte wurde die Ärztin gerufen. Sie hatte noch Dienst, den sie wie alle anderen in Uniform verrichtete. Als sie hereinkam, musste sie vor dem Tisch Haltung annehmen, ohne dass ihr ein Platz angeboten wurde. Sie war völlig verwirrt, als sie mich inmitten der Russen sah. Ohne irgendeine Frage oder Vorwarnung wurde sie sogleich furchtbar angeschrien und beschimpft. Sie hatte überhaupt keine Chance, sich zu verteidigen. Man hielt sie des Diebstahls für schuldig und wollte ein Exempel statuieren. Plötzlich erhob sich einer der Offiziere, schritt zu ihr hin und riss ihr mit verächtlichem Blick die Epauletten von der Uniform. Vor meinen Augen war sie degradiert worden. Ich war wie versteinert und mochte mir dieses entwürdigende Schauspiel nicht länger ansehen. Es war schrecklich, wie sie dastand, kreidebleich, völlig hilflos und gelähmt. Man hatte sie nicht zu Wort kommen lassen. Anschließend wurde sie eskortiert von zwei Wachen weggebracht. Sie wurde strafversetzt. Ich konnte keine Genugtuung empfinden.

Meine Sachen allerdings blieben zunächst verschwunden. Einige Tage später wurde ich in ein Büro geführt, in dem sich ein Haufen aufgefundener westlicher Kleidungsstücke befand. Tatsächlich habe ich einen Rock und drei Pullover wiedergefunden. Offensichtlich hatte die Ärztin gemeinsam mit einigen Wachen einen schwungvollen Handel mit westlicher Kleidung betrieben. Sie hatten die persönlichen Sachen von Todeskandidaten in der Hoffnung verschwinden lassen, dass niemand sich je wieder darum kümmern würde. Westliche Kleidung, und war sie auch noch so schäbig, war für die meisten Russen ein wahrer Luxusgegenstand und hatte einen hohen Tauschwert. Da ich nun wider jede Erwartung am Leben geblieben war, hatte dieser Handel ein jähes Ende genommen.

Nach meiner Rückkehr wurde ich aus der Maurerbrigade entlassen. Stattdessen schickte man mich ins Bergwerk, wo unter den härtesten und primitivsten Bedingungen Kohle gefördert wurde. In siebzig Metern unter der Erde musste ich Kohle sortieren. Obwohl ich ab und an auch zum Loreschieben eingesetzt wurde, empfand ich diese Arbeit nach der Schufterei auf der Baustelle als reine Erholung. Wie ich waren auch andere neue Gefangene in diese Brigade gekommen.

Der für das Bergwerk zuständige NKWD-Offizier aus dem Volkskommissariat des Inneren begrüßte uns mit einer schwungvollen Rede. Nun sei es an der Zeit, unseren kleinen Anteil an den deutschen Reparationen zu leisten. Wer gut arbeitete, würde eher auf einen Heimattransport kommen. Das beflügelte. Obwohl wir es hätten besser wissen müssen, glaubten selbst die alten Lagerfüchse an diese Lüge. Die Norm, wie viel Kohle wir täglich fördern mussten, war bereits sehr hoch gesetzt. Doch jeder mühte sich ab, mehr als das Soll zu erfüllen. Wenn wir dann allerdings das neue Pensum erreicht hatten, folgte als Belohnung die Verschärfung der Norm. Vom Nachhausefahren sprach bald niemand mehr. Stattdessen arbeiteten wir nur noch für die Essensration am Abend, die für jeden gestrichen wurde, der weit unter der Norm geblieben war.

So reihte sich Monat an Monat. Die starke Unterernährung, der Dreck, der Staub und die ständige Müdigkeit brachten es mit sich, dass ich immer mehr abstumpfte. Ich hatte nur noch das Ziel, zu überleben, wie, das war mir eigentlich gleichgültig. Neben mir starben Männer und Frauen und ich versuchte einfach, nicht hinzusehen. Viel wichtiger war es, meinen Hunger zu stillen. Wenn wir abends ins Lager zurückkehrten, suchten wir Brennnesseln, Gräser und andere Wildkräuter. An einem kleinen Feuer über Steinen kochten wir daraus einen Sud, der scheußlich schmeckte, aber den Magen füllte. Der Hunger ließ uns Dinge tun, die ich früher niemals für möglich gehalten hätte.

Inzwischen hatte ich einen zweiten Geburtstag in russischer Gefangenschaft verbracht. Anfang 1947 wurde ich zu einer neuen Arbeit in einem Elektrizitätswerk abkommandiert, das ungefähr acht Kilometer vom Lager entfernt lag. Dieses wuchtige Gebäude mit seinen elf Schornsteinen versorgte sogar Moskau mit Strom und wurde von der Kohle gespeist, die Kriegsgefangene wie ich zuvor gefördert hatten. Jeden Tag mussten wir den Weg dorthin zu Fuß marschieren. Die meisten Wachen quälten uns dabei zudem auf eine ziemlich perfide Art. Besonders am Abend, nach dem anstrengenden Schichtdienst, konnten wir uns kaum auf den Beinen halten. Dann mussten wir auf Kommando singen, obwohl wir schon beim strammen Gehen mit dem Atmen Probleme hatten. Sobald wir langsamer oder leiser wurden, schossen sie in die Luft. Dann schrien wir unsere Lieder in die kalte Nacht und schleppten uns mit letzter Kraft weiter.

Wenn wir morgens in aller Frühe im Elektrizitätswerk ankamen, waren die Kohlenzüge aus den Bergwerken bereits da. Die roh gehauene Kohle – zum Teil waren das große Brocken – wurde in überdimensionale Eisensiebe gekippt und anschließend von Kriegsgefangenen durch große Durchlässe hindurchgehackt. Der Schotter fiel auf ein Förderband, an dem wir Frauen standen. Wir mussten alles, was daneben gefallen war, mit Schaufeln auf das ungefähr eineinhalb Meter hohe Band befördern. Und da vieles daneben ging, war die Arbeit so anstrengend, dass ich mich am liebsten in den Schacht zurückgemeldet hätte. Nichts als schaufeln, acht Stunden ohne Unterlass. Hinzu kam, dass wir im Schichtdienst arbeiteten, also wieder in Tages- und Nachtschicht. Beinahe unerträglich waren die Doppelschichten, bei denen wir bis zum Umfallen arbeiten mussten.

Als ich wieder einmal völlig erschöpft und kohleverschmiert ins Lager zurückkam, stand am Eingang zu unserer Baracke ein uralter Mann. In der Hand hielt er einen Kübel mit warmem Wasser, den er mir wortlos reichte. Augenblicklich wurde ich hellwach: Solch ein kostbares Geschenk! Misstrauisch beäugte ich meinen Gönner. Er war klein, in dem von Falten zerfurchten Gesicht ein ungepflegter schwarzer Bart, darüber warme braune Augen. Ich blickte ihn fragend an. »Wasch dich! Das wird dir gut tun!« Dann drehte er sich um und ging. Von diesem Tag an stand Heinrich Tychow, wann immer meine Schicht beendet war, mit einem Bottich warmem Wasser am Eingang zu meiner Baracke. Die Möglichkeit, mich täglich notdürftig waschen zu können, hat mir Lebenswillen und Selbstachtung zurückgegeben. Viele der Frauen warnten mich vor meinem Gönner. Im Lager gab es eigentlich nichts umsonst, deshalb wollte niemand an einen Akt der Nächstenliebe glauben. Tychow kannte das Lagerleben in all seinen Schattierungen. Er hatte mich schon lange beobachtet und ahnte wohl, dass ich kurz davor war, mich aufzugeben.

Er stammte aus Wien. Weil er Jude war, war er 1938 vor den Deutschen nach Polen und ein Jahr später in die Sowjetunion geflüchtet. Dort wurde er nach dem Überfall der Deutschen 1941 vom NKWD festgenommen und vor Gericht gestellt. Die Anklage warf ihm Spionage vor. Ihre Begründung: Da Hitler alle Juden hätte internieren lassen, könne er nur ein deutscher Spion sein. Das Urteil: vier Jahre Zwangsarbeit in Kasachstan. Er hatte sie knapp überlebt und war nach Stalinogorsk gekommen, wo er auf einen Heimattransport wartete. Hier wurde er zu meinem väterlichen Freund und Beschützer. Sooft es ging, saßen wir zusammen, rauchten und träumten uns eine Zukunft in Freiheit.

Eines Abends nahm er mich beiseite. »Ich habe lange nachgedacht«, er tat sehr geheimnisvoll. »Jetzt weiß ich, wie du hier rauskommst!« Ich blickte ihn entgeistert an. »Doch, glaub mir«, beharrte er, »es ist ganz einfach. Du musst nur krank werden. Wir müssen es aber schlau anstellen, sonst klagen sie dich als Simulantin und Saboteurin an.« Und dann entwickelte er seinen unglaublichen Plan. Nur wer schwer krank war und nicht mehr arbeiten konnte, durfte auf einen Transport in die Heimat hoffen. Ich sollte mir etwas brechen. Tychow hatte bereits mit einem befreundeten polnischen Hilfsarzt gesprochen. Er wollte alles tun, damit ich zur Invalidin erklärt würde. »Du musst dir keine Sorgen machen. Der Pole ist ein herzensguter Mensch. Er hilft dir und hält dicht!« Ich war sprachlos. Alles in mir sträubte sich gegen diesen Plan. Er schien mir viel zu gefährlich und dennoch ging er mir nicht aus dem Kopf.

Des Morgens marschierte ich wie immer zur Arbeit. Der Weg war hart gefroren und streckenweise spiegelglatt. Wie leicht wäre es auszurutschen und sich ein oder zwei Rippen zu brechen, schoss es mir durch den Kopf. Vielleicht stimmte ja, was Tychow gesagt hatte, und der polnische Arzt würde mir helfen. Wieder eine glatte Stelle. Tückisch glatt und uneben dazu. Wie in Trance marschierte ich darauf zu. Ich dachte an das warme Krankenbett, ich würde schlafen können, richtig ausschlafen. Ich schloss die Augen und strauchelte. Mit voller Wucht schlug ich auf den steinharten Boden.

Der Pole war wirklich ein guter Mensch. Nach kurzer Untersuchung diagnostizierte er einen Rippenbruch. Ich wurde verbunden und auf eine harte Pritsche in einem sauberen Krankenzimmer gelegt. Die Decken waren warm, es gab Krankenkost und ich konnte schlafen. Leider heilte die Prellung schneller als erwartet. Der Arzt riskierte bereits jetzt Kopf und Kragen. Länger konnte er mich nicht im Lazarett behalten. Ich hatte mich innerlich bereits wieder auf die Arbeit eingestellt, als er eines Abends an meinem Bett erschien. »Willst du bei uns in der Krankenstation bleiben?«, fragte er mich leise. Nun verstand ich überhaupt nichts mehr. »Wir haben etwas Geld, dafür macht dich der Stabsarzt zur Krankenschwester.«

Mein Herz raste. Endlich gab es wieder eine Perspektive für mich. Wieder hatte Tychow seine schützende Hand über mich gehalten. Auf der Krankenstation zu arbeiten, bedeutete beinahe schon so etwas wie Freiheit und das war schon fast so gut wie ein Heimattransport.

Ich war selig. Nun musste ich nicht mehr Tag für Tag zum Elektrizitätswerk marschieren. Ich konnte im Lager bleiben, in der medizinischen Abteilung, in der es angenehm warm war. Dort gab es drei kleine Zimmer mit vier oder fünf Betten für die akuten Fälle. Ich hatte ja schon in Krasnogorsk als Pflegerin gearbeitet und konnte Verbände anlegen, Wunden mit Jod auspinseln und trösten. Wir mussten viel improvisieren, denn es fehlte an allem. Das Schlimmste für mich war die Versorgung der Phlegmonen. Das sind eitrige, beinahe schwarze Bindegewebsentzündungen, die schrecklich stinken und infolge unbehandelter Wunden entstehen. Wir Krankenschwestern haben unser Bestes gegeben, obwohl wir oft nur abgekochte Stofffetzen als Verbandsmaterial hatten, und die Bettruhe half den Kriegsgefangenen meist wieder auf die Beine.

Die Abende habe ich häufig mit Schwester Nina verbracht, die wie ich in der Krankenstation lebte. Sie war Polin und hatte sich mit mir angefreundet. Gemeinsam mit Einheimischen haben wir zusammen gesessen, Tee getrunken und gesungen. Inzwischen war mein Russisch recht gut geworden. Die Erinnerungen an meine Kindheit in St. Petersburg halfen mir, mich schnell zurechtzufinden, und bald konnte ich eine einfache Unterhaltung wieder ohne Schwierigkeiten führen.

Anfang Februar 1947 kam Heinrich Tychow auf einen Heimattransport nach Frankfurt/Oder. Da er nicht wusste, wohin er umsiedeln sollte – seine Familie in Wien war in alle Winde zerstreut –, entschied er sich, zunächst nach Berlin zu gehen. Ich bat ihn, meine Eltern zu suchen und ihnen von meinem Schicksal und Verbleib zu berichten. Zum Abschied steckte ich ihm einen kleinen Kassiber zu,

was für ihn ziemlich gefährlich war. Unzensierte Schrift-
stücke durften das Lager unter keinen Umständen verlassen, deshalb wurden die Heimkehrer mehrfach gefilzt.
Aber Tychow hat mir auch diesen Liebesdienst erwiesen.
So konnte er meinen Eltern ein Lebenszeichen überreichen,
als er sich in der kleinen Villa in Tegel meldete, wohin sie
nach dem Krieg gezogen waren. Zwei Jahre lang hatten sie
nichts von mir gehört. Meine praktisch veranlagte Mutter
hat Tychow dann sofort in die Badewanne gesteckt und
ihm erst einmal ein Dach über dem Kopf gegeben. Und aus
dem Schrank meines Vaters zauberte sie etwas zum Anziehen für den völlig heruntergekommenen Spätheimkehrer.

Tychow hatte längst meine Eltern benachrichtigt, als ich
über das Türkische Rote Kreuz eine Karte nach Hause
schreiben durfte. Der Augenblick, als ich die Antwort meiner Eltern in Händen hielt, war für mich wie eine zweite
Geburt. »Nun kann nichts mehr passieren! Ich bin nicht
mehr allein – da wartet jemand auf mich!«, schoss es mir
durch den Kopf, ein unbeschreibliches Hochgefühl. Ich
hatte wieder eine Zukunft und es fiel mir leichter, mein
Schicksal anzunehmen. Die Lager konnte man eigentlich
nur überstehen, indem man für die Zeit danach lebte. Dies
war eine Sache der inneren Einstellung und Hoffnung. Vielen der Älteren, besonders den Männern, fiel das sehr
schwer. Für uns Junge dagegen gab es immer nur ein Ziel:
Wir wollten nach Hause!

Anfang März 1947 wurde ich zum Lagerleiter gerufen. Ich
hatte schrecklich Angst, wieder ins Kohle- oder ins Elektrizitätswerk versetzt zu werden. Umso überraschter war
ich über das Ansinnen, das er an mich herantrug. »Susanne«, sagte er zu mir und zeigte auf ein verschüchtertes

kleines Mädchen, »das ist Rosemarie. Sie bleibt jetzt bei dir.« Die Kleine war mit ihrer Familie aus Ostpreußen deportiert worden. Der Vater, ein Arbeitsdienstführer, war von seiner Familie getrennt worden. Die Mutter war vor kurzem gestorben und Rosemarie sollte nach Hause geschickt werden. Nach einer langen Odyssee landete sie schließlich in unserem Lager.

Rosemarie wurde schnell zum Liebling der Krankenstation. Sie zog zu mir in mein Zimmer, wo ich ihr mein Bett überließ. Für mich hatte ich eine alte Matratze organisiert. Das Kind lebte sich schnell ein. Nach allem, was sie in den Lagern während der letzten Jahre erlebt hatte, fühlte sie sich bei uns recht wohl. Es war warm, wir wurden ganz ordentlich ernährt und konnten uns sogar täglich waschen. Obwohl ich selbst die Schule nicht unbedingt geliebt hatte, wurde mir bald klar, Rosemarie musste sinnvoll beschäftigt werden, sie musste unsere Sprache und Kultur lernen, damit sie ihre Wurzeln nicht völlig verlor. Also haben wir jeden Abend Lesen, Schreiben und Rechnen geübt. Bald waren wir unzertrennlich.

Im Frühsommer kamen immer mehr Menschen ins Lager, zuerst Kriegsgefangene, dann auch Zivilisten. Die meisten mussten draußen im Freien kampieren. Als der Flüchtlingsstrom nicht abriss, sah es selbst für die größten Pessimisten nach einem Transport in Richtung Heimat aus. Und richtig, ohne jede Vorwarnung hieß es eines Tages: »Susanne, dawai, dawai, du gehst mit auf den Transport!«

Ich erstarrte. Auf diesen Augenblick hatte ich zwei lange Jahre gewartet, mir immer wieder vorgestellt, wie ich mich freuen würde, wie ich hüpfen, schreien, weinen würde. Doch nichts davon geschah. Ich fühlte mich leer und ausgelaugt, als ich mein Bündel packte. Alles musste sehr schnell gehen. Rosemarie, die ich zurücklassen musste, stand schweigsam neben mir. Tränen liefen ihr über das Gesicht. Bis zum Lagertor wollte sie meine Hand nicht loslassen. Als wir uns zum Abschied umarmten, hat es mir fast das Herz zerrissen. Für eine kurze Zeit war ich wie eine Mutter für sie gewesen. Noch heute sehe ich sie am Lagertor stehen, klein und schmächtig und völlig verzweifelt. Wir haben uns nie wieder getroffen.

Es waren ungefähr hundert Personen, die aus dem Lagertor hinunter zu den Gleisen marschierten. Dort standen etwa acht Waggons. Mit uns kam ein russischer Transportarzt, der den Krankenwaggon beaufsichtigte, in dem auch Schwester Nina und ich untergebracht waren. Zu Beginn der Reise war der Waggon noch vollkommen leer. Der Boden war mit Matratzen und Decken ausgelegt, die nur darauf warteten, benutzt zu werden. Nina und ich saßen an den offenen Türen und ließen die Beine baumeln. Es war wahnsinnig heiß, ein wunderschöner Sommertag. Vierzehn Tage fuhren wir nach Westen. Immer wieder blieben wir Stunden auf offener Strecke stehen. Es wurde rangiert, neue Wagen wurden angekoppelt, bis sich nach und nach 1500 Landser und 150 Frauen in den Waggons drängten. Die meisten Spätheimkehrer waren dem Tod näher als dem Leben, sodass sich unsere fahrbare Krankenstation schnell füllte. Wir arbeiteten ohne Unterlass, aber viele Kranke und Verwundete sind uns unter den Händen gestorben – und das so kurz vor der Heimat.

Als wir nach Smolensk kamen, wurden die Toten ausgeladen und Nina und ich säuberten den Krankenwaggon. Erschöpft setzten wir uns nach getaner Arbeit an die offene Tür, als der Stabsarzt zu uns kam. »Ihr habt etwas Erholung verdient«, sagte er freundlich. »Ihr dürft im Dnjepr baden!« Das ließen wir uns nicht zweimal sagen. Begleitet von einem bewaffneten Posten sind wir über die Gleisanlage zum Flussufer gelaufen. Wir hatten es so eilig, dass der Posten kaum Schritt halten konnte. Er war ein gutmütiger Bauernjunge, der mit uns ins Wasser sprang, aber schamhaft einen großen Abstand wahrte. Wir haben getobt wie die Kinder. So herrlich konnte das Leben sein!

Als wir wieder im Zug waren, ging es langsam und polternd weiter, bis wir schließlich in Frankfurt/Oder ankamen. In Reih und Glied sind wir in dieses berühmte Entlassungslager einmarschiert. Unsere Kleidung wurde in heißen Desinfektionsräumen förmlich ausgebrannt. Ich hatte Angst um meine schönen Holzpantinen und meinen selbst genähten Rock samt Russenkittel. Eine Nacht lang dauerte die Prozedur. Das Petroleum schmerzte auf der Kopfhaut und stank penetrant. Ich war hungrig, aber das war jetzt vollkommen unwichtig. Hinter den Stacheldrahtzäunen des Lagers winkte die Freiheit. Nur das zählte.

Am nächsten Tag bekamen wir unseren Entlassungsschein. Vor Aufregung rauschte mir das Blut in den Ohren, mir wurde schwindlig und ich zitterte am ganzen Leib. Die Freiheit rückte immer näher und dieses Stückchen billigstes Holzpapier war der Garant dafür. Wir mussten seinen Empfang quittieren und auf einem Begleitschreiben an Eides statt erklären, niemals über unsere Zeit in den russischen Lagern zu sprechen. Bei Zuwiderhandlung würden wir gleich wieder zurücktransportiert werden. Mir war es gleichgültig, was ich unterschrieb. Ich wollte schnell nach Westen, möglichst weit weg von den Russen. Zu den Klängen einer Blaskapelle sind wir aus dem Lager marschiert.

Als ich mich verabschiedete, überreichte mir der russische Arzt ein Sträußchen Ringelblumen. »Für Susanne mit vielem Dank!« Er verbeugte sich und gab mir die Hand. Ich fühlte etwas, ein kleines Briefchen wie ein Kassiber. Er zwinkerte mit den Augen, nickte aufmunternd mit dem Kopf und ging weg. Ich schaute vorsichtig in meine Hand: 150 alte deutsche Reichsmark hatte mir der freundliche Mann zugesteckt – ein Vermögen! Und ich konnte ihm nicht einmal mehr danken. Die Freiheit nahm einen schönen Anfang!

8 *Aus Stalins Lagern auf den Laufsteg*

So unternahm ich am 22. Juli 1947 nach mehr als zwei Jahren russischer Gefangenschaft meine ersten zaghaften Schritte in die Freiheit. Glücklicherweise hatte ich mit der Rotkreuzkarte meiner Eltern einen Beweis, dass sie im Westteil Berlins wohnten. Ohne diese Karte wäre ich nach Dresden oder irgendwohin anders in die sowjetische Besatzungszone zum Arbeiten geschickt worden. Junge Leute müssen beim Aufbau mitwirken, wurde uns gesagt. Mit zwei anderen jungen Frauen aus dem Transport reiste ich von Frankfurt/Oder nach Berlin. Das Nachkriegsdeutschland, durch das sich der Zug schlängelte, sah längst nicht so trostlos aus wie das Land, aus dem wir kamen. Die Landschaft war mir vertraut, wir waren zu Hause. Voller Hochgefühl stiegen wir am Bahnhof Friedrichstraße in die S-Bahn Richtung Westen.

Hier allerdings waren die Spuren des Krieges noch deutlich zu sehen. Wenig erinnerte an die Stadt meiner Kindheit und Jugend. Der alte Glanz war in den Trümmern untergegangen. Armut bestimmte das Bild. Doch selbst hier fielen wir Schattengestalten in unseren Lagerklamotten auf. Mitleidig streiften uns die Blicke der Menschen in der S-Bahn.

Mit einem Mal fürchtete ich mich, meine Eltern aufzusuchen. Ich wollte mich nicht sofort in mein altes Leben stürzen. Es war so viel geschehen. Ich wollte einfach allein sein und die Schreckenszeit im Lager verdauen. Keine Fragen beantworten, nicht reden müssen. Da kam es mir gerade recht, als mich eine der jungen Frauen zu sich nach Hause einlud. In den zwei Tagen, die ich in der kleinen Wohnung im Stadtteil Charlottenburg auf dem Fußboden kampierte, fand ich genügend Muße, mich mit den Veränderungen in meinem Leben auseinander zu setzen. Die Eltern waren so mit ihrer heimgekehrten Tochter beschäftigt, dass sich niemand um mich kümmerte.

Die ersten vierundzwanzig Stunden meiner neugewonnenen Freiheit habe ich nur dagelegen, nachgedacht und geschlafen. Dann fühlte ich mich stark genug, dorthin zu gehen, wo alles seinen Anfang genommen hatte. Ich fuhr in meinen schmutzigen Lumpen zu dem kleinen Haus in Wannsee, in dem ich mit Sven Erichsen für kurze Zeit gelebt hatte. Als ich die S-Bahn verließ, schlug mir das Herz bis zum Hals. Dann endlich stand ich vor dem Gartentor. Hier war ich als Braut aufgebrochen. Die Sonne schien wie damals. Es war heiß. Die Rosen blühten. Alles um mich herum war beinahe unverändert, nur ich schien nicht mehr dorthin zu gehören. Ich hatte mich verändert. Ich fing an zu weinen. Die Tränen flossen in Strömen und ich konnte nicht aufhören. Wie ein verwundetes Tier habe ich mich hinter einem Mauervorsprung versteckt und meinen Gefühlen freien Lauf gelassen. Aller Schrecken und alle Not der vergangenen zwei Jahre schwemmten aus mir heraus, bis ich völlig erschöpft war. Eine gute Stunde muss ich so gesessen haben. Ich sah Fremde im Garten und wusste, hier konnte mein Anfang nicht sein. Als die Dämmerung hereinbrach, war ich wie erlöst. Hier in Berlin hatte sich der Kreis geschlossen.

Nun begann endgültig mein neues Leben. Frühmorgens bin ich gleich zu meinen Eltern nach Tegel gefahren. Ohne große Mühe fand ich das neue Haus. Meine Mutter hätte mich beinahe nicht wiedererkannt, so sehr hatte ich mich äußerlich verändert. Wortlos fielen wir uns in die Arme. Sie drückte mich weinend an sich, als wollte sie mich nie wieder loslassen. Nach einer Weile gingen wir in die Küche, ich setzte mich an den Tisch und ließ mich erst einmal verwöhnen. Stundenlang haben wir dagesessen, gegessen, geredet, gelacht und immer wieder geweint.

Dieses Wiedersehen war ungeheuer aufwühlend, aber auch schwierig. Wie sollte ich meinen Eltern verständlich machen, was ich selbst kaum fassen konnte, wie ihnen meine kurze Ehe erklären oder die Lagerzeit nahe bringen. Die Schrecken der letzten Jahre ließen sich nicht leicht in Worte bannen. Das merkte ich schnell. Die von Unterdrückung, Hunger und Einsamkeit geschlagenen Wunden waren zu frisch. Ich konnte und wollte nicht darüber reden. Und meine Eltern wollten es eigentlich auch nicht so genau hören. »Vorbei ist vorbei«, unbeholfen tätschelte mir meine Mutter die Hand. »Du bist wieder zu Hause und das ist das Wichtigste.« Völlig erschöpft sank ich später in die Badewanne. Mein erstes Bad nach so langer Zeit! Ich genoss die wohlige Wärme, in der ich mich ausstrecken konnte, solange ich es wollte, in vollen Zügen. Endlich war ich wieder richtig sauber und hatte ein frisches Handtuch zum Abtrocknen. Dazu eine Tür, die ich hinter mir verschließen konnte. Das war Freiheit.

Tags drauf musste ich einen Arzt aufsuchen. Das ungewohnte Essen machte meinem Magen schwer zu schaffen. Dabei hatte mir Mutter doch extra eine leicht verträgliche Mahlzeit gekocht, aber mein strapazierter Organismus konnte selbst die fettarme Nachkriegskost kaum verwerten – das war auch die Tage zuvor schon so gewesen. Aufgrund der permanenten Unterernährung hatte sich zudem überall im Körper, besonders in den Gelenken, Wasser angesammelt. Stirnrunzelnd betrachtete mich der Arzt. »Das wird lange dauern, bis Sie wieder richtig auf die Beine kommen«, erklärte er mir nach der Untersuchung. »Vielleicht werden Sie auch bleibende Schäden davontragen. Viel leisten werden Sie in der Zukunft nicht können.« Vorsichtiges Essen, Ruhe und Schonung, so lautete sein Rezept, mit dem ich ins normale Leben zurückfinden sollte. »Lassen Sie sich pflegen und denken Sie an gar nichts«, riet er mir zum Abschied. »Vergessen Sie Russland, das ist das Beste.«

Seine düstere Prognose traf mich sehr. Mein Leben sollte nicht von den Lagererlebnissen überschattet sein. Dafür hatte ich nicht so gekämpft. Ich konnte kaum einen Finger schmerzfrei rühren und wäre am liebsten nicht mehr aus meinem Bett aufgestanden. Trotzdem habe ich mir nach einigen Tagen geschworen, wieder auf die Beine zu kommen und etwas Großartiges aus meinem Leben zu machen. Was, das war mir gleichgültig.

Ein gutes Dreivierteljahr habe ich mich, wie der Arzt mir geraten hatte, von meiner Mutter pflegen und verwöhnen lassen. Und tatsächlich ging es langsam mit mir bergauf. Meine Haut wurde wieder geschmeidig, die Haare bekamen ihren Glanz zurück, das Wasser in den Gelenken verschwand. Ganz allmählich zeigten die Beine, Knie und Oberschenkel wieder Konturen! Auch das aufgedunsene

Hautgewebe bildete sich zurück. Ich verlor mein unnatürlich rundes Pausbackengesicht. Die Eiterstellen, die an den Füßen, Beinen und Oberschenkeln so unschön anzusehen waren, trockneten aus, hinterließen allerdings kleine hässliche Narben. Sie mussten später, in der »Blüte meiner Erfolge«, gekonnt überschminkt werden. Film- und auch Fotokameras sind unerbittlich und das modegeschulte menschliche Auge auch! Sogar meine Herzmuskelschwäche konnte auskuriert werden. Im Mai 1948 war ich endlich wieder ich selbst, eine zweiundzwanzigjährige Frau mit großer Hoffnung auf die Zukunft. Stundenlang spazierte ich durch den Westteil Berlins und schmiedete neue Pläne. Nun wollte ich selbstbestimmt leben, aber dazu brauchte ich Geld.

Eines Tages war es so weit, ich hatte eine Stelle als Verkäuferin in einer Parfümerie und ein eigenes Zimmer zur Untermiete. »Warum denn, Kind?« Mutter konnte mich nicht verstehen. »Aber hier hast du doch alles. Außerdem bist du doch noch viel zu schwach.« Sie war sehr verletzt und traurig, weil ich die Familie wieder verlassen wollte. In den Monaten meiner Genesung hatte sie mich wie eine Glucke behütet. Mit jedem Tag jedoch, den ich gesünder wurde, konnte ich ihre gut gemeinten Übergriffe weniger ertragen. Ich war nicht mehr das junge Mädchen, das sich im Februar 1945 von ihr verabschiedet hatte.

Ich wollte wieder als Cutterin arbeiten und mir beim Film etwas aufbauen. Vor allen Dingen aber musste ich nachholen. Als sich Gleichaltrige nach dem Krieg die ersten Tanzkleidchen aus Gardinen schneiderten, als sie unbeschwert flirteten und tanzten, da musste ich im Bergwerk Kohle schippen. Während meiner Rekonvaleszenz hatte ich versucht, mit Sven Erichsen Kontakt aufzunehmen. Seine Eltern wohnten immer noch in Klein-Machnow und führten dort ihre Maschinenfabrik. Sven lebte in Norwegen. Im Dezember 1945 hatten die Russen ihn und seine Kameraden nicht wie versprochen in die Heimat, sondern nach Ungarn transportiert und dort irgendwo auf freier Strecke aus dem Zug geworfen. Sie hatten nur die lebensnotwendigen Personalpapiere bei sich, jedoch weder Lebensmittelkarten noch Geld. In der Freiheit kehrte Svens alter Optimismus zurück. Mit viel Einfallsreichtum und Mut schlug er sich mit seinen Kollegen von Ungarn nach Österreich durch. Von dort aus ging es auf Lastwagen, mit Zügen oder zu Fuß immer Richtung Norden, zurück nach Norwegen, das sie Monate später tatsächlich erreichten.

Zuerst tauschten wir einige freundliche Briefe, dann kam Sven nach Berlin, um seine Eltern und mich zu treffen. Dieses Wiedersehen wurde eine Art Zusammenführung, unser erstes und einziges Familientreffen. Gemeinsam verbrachten wir einen sehr schönen Nachmittag, sprachen über die Vergangenheit und stellten fest, dass wir nichts mehr füreinander empfanden. Sehr schnell kamen Sven und ich überein, unsere Ehe annullieren zu lassen. Zum Zeitpunkt unserer Hochzeit war ich mit neunzehn Jahren noch nicht volljährig gewesen. Auf meinen Wunsch hin versagten meine Eltern der Eheschließung nachträglich ihre Zustimmung.

Und so war ich nach wenigen Wochen wieder ledig, allerdings ohne auf Svens Familiennamen verzichten zu wollen. In den vergangenen Jahren war er mir ans Herz gewachsen und als Susanne Erichsen wollte ich die Zukunft erobern.

Bald danach, es muss im Frühjahr 1948 gewesen sein, hatte ich eine kleine Liaison mit einem achtzehn Jahre älteren Mann. Harry Ziehr war ein Balte aus Riga, unternehmungslustig und voller geschäftlichem Ehrgeiz. Er nannte sich Kaufmann und er war es durch und durch: Harry kaufte und verkaufte alles! In der Nachkriegszeit, der Zeit des Wiederaufbaus konnten Männer mit seinem Talent scheinbar mühelos ein kleines Vermögen erwerben, es aber auch ebenso schnell wieder verlieren.

Eines Nachmittags, es war Mitte Juni, als ich noch in der Parfümerie am Fehrbelliner Platz hinter dem Tresen stand und versuchte, schlechte Nachkriegsware zu verkaufen, kam Harry hereingestürzt: »Susanne, pack ein paar Sachen, wir fahren nach Hamburg! Du fährst morgen mit einigen meiner Geschäftsfreunde vor, ich komme übermorgen nach. Wir treffen uns dann in dem Büro am Ballindamm und gehen schön aus.«

Die Idee gefiel mir. In Westdeutschland gab es bestimmt größere Chancen für eine Karriere beim Film als in Berlin. Also überlegte ich nicht lang und raffte meine wenigen Habseligkeiten zusammen, obwohl mir nicht ganz geheuer war, wie Harry so schnell an den Interzonenpass gekommen war, den er mir am Nachmittag zusammen mit etwas Geld und billigem Schmuck in die Hand gedrückt hatte. »Zupacken, Mädchen«, lautete Harrys Devise. »Nachdenken bringt nur Kopfschmerzen.« So zwängte ich mich am nächsten Tag in ein volles Auto und ließ mich in eine ungewisse Zukunft chauffieren.

In der Eile hatte ich meine Eltern nicht mehr benachrichtigen können, ein Telefon hatten sie immer noch nicht! Solchen »Schnickschnack« lehnten sie ab. Zum ersten Mal in meinem Leben war ich froh über diese Schrulligkeit. Sie waren nicht erreichbar, also musste ich meinen Entschluss auch nicht verteidigen oder besorgte Fragen beantworten.

Die Fahrt nach Hamburg verlief reibungslos, obwohl wir am Grenzübergang die steigenden Spannungen zwischen Ost und West beinahe greifen konnten. Die Russen prüften unsere Papiere so akribisch, dass es mir den Schweiß auf die Stirn trieb. Unser Wagen wurde gefilzt, aber sie fanden nichts und ließen uns passieren. Noch am gleichen Abend, es wird wohl der 18. oder 19. Juni gewesen sein, erreichten wir Hamburg. Die Nacht verbrachte ich auf dem Boden in einem schlecht eingerichteten, finsteren Büro. Aber ich konnte sowieso nicht schlafen. Stundenlang malte ich mir in Gedanken meine Zukunft aus, die ich mit Harrys Hilfe und seiner finanziellen Unterstützung angehen wollte. Voller Vorfreude saß ich anderntags an einem der Schreibtische und wartete ungeduldig auf ihn.

Doch Harry kam und kam nicht. Um mir die Zeit ein wenig zu versüßen, lud mich einer seiner Geschäftsfreunde zu Kaffee und Torte im nahen Hotel Esplanade ein. Etwas verschüchtert betrat ich das feudale Gebäude. Was für ein überwältigender Anblick! Hohe Räume, Stuck an den Decken, Brokatvorhänge und wundervoll gedeckte Tische. Und ein riesiges Stück Buttercremetorte auf meinem Teller. Bis dahin war meine einzige Erfahrung mit der großen Welt eine Tasse Kakao im Adlon gewesen, wohin mich meine Mutter als kleines Mädchen einmal ausgeführt hatte. Es wurde Abend und Harry war immer noch nicht in Hamburg erschienen.

Zunächst machte ich mir keine weiteren Gedanken. In diesen unsicheren Zeiten waren Verspätungen von zwei, drei Tagen durchaus normal. Um mich abzulenken, unternahm ich ausgedehnte Spaziergänge durch das zerbombte Hamburg. Und dann kam der 20. Juni 1948, der Tag, an dem die beinahe wertlose Reichsmark durch die neue Deutsche Mark abgelöst wurde. Ganz schnell gab es in den Geschäften alles, was die Händler bis zur Währungsreform aufgespart hatten. Es war eine Hektik in der Stadt. An den eilig eingeräumten Auslagen konnte ich mich nicht satt sehen. Doch jeder meiner Schaufensterbummel endete wieder in diesem alten, muffigen Büro, in dem ich mein Nachtlager aufschlug und mir vor dem Einschlafen gebetsmühlenartig einredete, Harry würde am nächsten Morgen bestimmt mit einem strahlenden Lächeln durch die Tür treten. Nach einer Woche musste ich einsehen, dass ich vergebens wartete. Niemand hatte ihn gesehen und selbst seine engsten Geschäftspartner erhielten keine Nachricht von ihm. Er war verschwunden und zwar, wie ich später erfuhr, hinter den Gefängnismauern von Bautzen. Beim Passieren der Besatzungszonengrenze waren ihm seine windigen Geschäfte zum Verhängnis geworden. So erschien er erst vier Jahre später zu unserer Verabredung. Da hatte ich allerdings schon längst meinen eigenen Weg gemacht!

Damals jedoch war ich wie vor den Kopf gestoßen. Was sollte ich nun anfangen! Ich war fremd in Hamburg und hatte niemanden, dem ich mich anvertrauen konnte. Meine Stimmung schwankte zwischen Wut und Enttäuschung. Eine ganze Nacht lang beklagte ich die Ungerechtigkeit meines Schicksals, erst gegen Morgen beruhigte ich mich. Ich hatte die Lager überstanden. Im Vergleich dazu war meine jetzige Situation beinahe paradiesisch. Zwar hatte ich kein Geld – ich war als Fremde in Hamburg nicht in den Genuss der vierzig Mark gekommen, mit denen jeder

Bewohner der Westzonen die neue Zeit beginnen konnte –, ich hatte keine Bleibe und keine konkreten Vorstellungen über meine berufliche Zukunft. Aber ich war gesund, recht gut genährt und selbstbewusst genug, auf eigenen Füßen zu stehen. So trocknete ich die letzten Tränen, schnaubte die Nase und packte meine Sachen. Ich wollte den »goldenen Westen« erobern. Und wieder einmal hatte ich Glück, denn nur wenige Stunden später bot mir ein Geschäftsfreund von Harry eine Mitfahrgelegenheit nach München an. Das war eine neue Chance! Also willigte ich hoffnungsvoll ein.

Es ging erneut auf die Autobahn, diesmal in Richtung Süden. Wieder überstand ich eine lange, ermüdende und mitunter aufregende Fahrt. Ich ließ mich gern herumchauffieren. Die Jahre in Russland hatten mir eine gesunde Portion Fatalismus beschert. Ich musste an meine Eltern in Berlin denken, denn auch in Hamburg hatte ich es unterlassen, sie zu benachrichtigen. Seit Beginn der Berliner Blockade am 24. Juni, so redete ich mir ein, funktionierte die Post sowieso nicht mehr. Eigentlich aber wollte ich sie auch gar nicht erreichen. Mein Leben war wieder einmal viel zu verwirrend, ich selbst noch nicht richtig zur Ruhe gekommen, warum sollte ich auch noch sie mit meinen ungewissen Plänen beunruhigen.

Nach ein paar Nächten in München, die ich wiederum in einem ungemütlichen Büro verbringen musste, dieses Mal allerdings auf einem alten Sofa, hatte mein »Reisegefährte« für mich eine Bleibe gefunden. In einer sehr großen Altbauwohnung bekam ich ein geräumiges Zimmer mit Küchenbenutzung. Die Miete betrug vierzig Mark, für damalige Verhältnisse ein horrender Preis, zumal ich keine Anstellung hatte. Glücklicherweise hatte Harrys Geschäftsfreund mir meine paar alten Reichsmark großzügig eins zu zwei in die neue Währung umgetauscht und mir so geholfen, die erste harte Zeit überstehen zu können. Vielleicht trieb ihn Mitleid oder ein schlechtes Gewissen wegen der dunklen Machenschaften, in die Harry und er verstrickt waren. Ich fragte nicht lang und nahm die schmale »Barschaft« gerne an, von der ich nun mein Leben erst einmal bestreiten konnte. Hoffnung auf Besserung bestand nicht, denn mit der einmaligen Zahlung hatte sich Harrys Freund erleichtert von dem leidigen, hilflosen Anhängsel freigekauft.

So saß ich im fremden München in meinem kahlen Zimmer und grübelte. Es musste schnell etwas geschehen, und zwar ganz dringend! Die Miete für mein Zimmer drückte schwer auf meine Seele, denn einmal hatte ich bereits anschreiben lassen. Ein weiteres Mal konnte ich mir diese Freiheit nicht mehr erlauben. Ich wollte versuchen, wieder in die Filmbranche einzusteigen, um meine Ausbildung zur Cutterin fortzuführen.

Eines Morgens fuhr ich deshalb zu den großen Filmstudios am Geiselgasteig. Als ich nach einer längeren Straßenbahnfahrt mit mehrmaligem Umsteigen endlich vor der Pförtnerloge stand, überkamen mich Selbstzweifel. Wie sollte ich es am besten anstellen? Viel Zeit zu zögern hatte ich allerdings nicht, denn schon tönte mir die obligatorische Frage entgegen: »Zu wem wollen Sie, bittschön?« Und prompt antwortete ich: »Zur Verwaltung der Bavaria!« Die Bavaria, diese Firma war mir ein Begriff, den Namen kannte ich. Der mürrische Pförtner war mir wohlgesonnen und ließ mich passieren. Ich kratzte all meinen restlichen Mut zusammen, betrat das

Personalbüro und versuchte, mein Anliegen so vorzubringen, als wäre es das Selbstverständlichste von der Welt. »Ich suche eine Möglichkeit, wieder als Cutter-Lehrling zu arbeiten. Ich habe in Berlin meine Ausbildung begonnen.« Und siehe da, niemand wunderte sich oder grinste ob meiner fehlenden Zeugnisse. Im Gegenteil, ohne viel Aufhebens wurde ich in die Baracke mit den Schneideräumen verwiesen. »Fragen Sie nach Herrn Wehrum«, riet man mir. »Die suchen eine Kleberin!« Erst später erfuhr ich, dass Wehrum ein bekannter Chefcutter in der Filmbranche war.

Ein bisschen Herzklopfen hatte ich schon, als ich dann endlich vor der Tür des Schneideraums stand. Von diesem Versuch hing für mich beinahe alles ab. Die Hauptcutterin und ihre Assistentin begrüßten mich zurückhaltend, fragten mich aber gleich, wann ich denn anfangen könnte. Sie waren in Zeitnot mit einem Jenny-Jugo-Film und brauchten meine Hilfe ebenso dringend wie ich die ihre. So konnte ich einen Tag später meine Arbeit am Klebetisch antreten.

In aller Frühe fuhr ich jetzt täglich hinaus zur Bavaria. Dann hieß es wieder nummerieren, schneiden, kleben, Kaffee kochen. Abends wurden meistens noch die Muster angesehen, sodass ich selten vor acht Uhr zu Hause war. Das Gehalt war zwar mager, aber ich konnte irgendwie davon leben. Den Wiedereinstieg ins Berufsleben hatte ich problemlos geschafft, die Erfüllung meines Herzenswunsches, nämlich in die Riege der Cutterinnen aufzusteigen, schien indes unmöglich. Sosehr ich mich auch bemühte, den Kolleginnen auf die Finger schaute und Fragen stellte, ich kam nicht wirklich voran. Jede war darauf bedacht, ihr Terrain zu verteidigen, alle waren froh, eine feste Anstellung zu haben, und wollten ihren Arbeitsplatz unter keinen Umständen verlieren.

An einem Wochenende Ende September bummelte ich über die Maximilianstraße. Ich wollte mir ein paar Geschäfte ansehen und hatte mich dafür hübsch gemacht, soweit ich es mit den wenigen, nicht sehr modischen Sachen, die ich zur Auswahl hatte, konnte. Mein Kostüm erinnerte noch sehr an den Anzug, aus dem es geschneidert war, aber meine Bemühungen hatten sich gelohnt, wie ich an den anerkennenden Blicken der männlichen Passanten ablesen konnte. Ich ging aufrecht und genoss meine Wirkung. Es ist das Selbstbewusstsein, das schön macht – das jedenfalls redete ich mir damals immer ein.

An diesem Tag war meine Aufmerksamkeit von einer Auslage gefesselt, die den neuesten Modetrend, den »New Look«, präsentierte. Dieser von Christian Dior kreierte, schmeichelnde Stil faszinierte mich. Wadenlange, weite Röcke, Wespentaille, darüber enge Oberteile mit schmalen Schultern, all dies vermittelte einen Eindruck von Weichheit und Zartheit, in den ich mich sofort verliebte. Während ich noch darüber rätselte, ob ich für die Mode vielleicht doch etwas zu mollig wäre, stellte sich eine elegante Dame neben mich. Sie trug ungefähr das, was ich gerade im Schaufenster bewundert hatte. Dazu steckten dicke goldene Ohrclips an den Ohren und die blonden Haare waren in einer glatten Rolle am Hinterkopf eingedreht. Statt an dem Schaufenster schien sie eher an mir interessiert zu sein. Unverwandt musterte sie mich, bis ich irritiert zurückblickte. »Entschuldigung, man müsste Sie eigentlich fotografieren«, sagte sie mehr zu sich selbst als zu mir. »Als Fotomodel könnten Sie ganz brauchbar sein!«

Ich war erstaunt und muss wohl auch etwas blöd geguckt haben. Doch unbeirrt fuhr die Dame fort: »Ich bin Lore Wolff, Moderedakteurin bei der Zeitschrift *Heute*. Ich suche geeignete junge Damen für Hutfotos. Neue Gesichter, wissen Sie! Ihr Kopf gefällt mir. Hätten Sie Lust, für unsere Zeitung zu posieren?«

Ich starrte sie ungläubig an. Da hatte ich mir den Kopf zermartert, wie ich aus den dunklen Schneideräumen ins Rampenlicht treten könnte, und da sollte mir auf der Straße die Chance zufallen? Mein Misstrauen war mir wohl auf die Stirn geschrieben, denn Lore Wolff erklärte umgehend, worum es ging. »In der nächsten Ausgabe von *Heute* sollen drei Seiten mit Hutmodellen der neuesten Nachkriegskollektion erscheinen. Die Fotografin Regi Relang soll Sie dafür aufnehmen.« Das überzeugte. Ich willigte in das Abenteuer ein, ohne wirklich zu wissen, auf was ich mich da einließ, und ohne zu ahnen, welch unabsehbare Folgen dieser entscheidende Moment für mein ganzes zukünftiges Leben haben sollte!

Die Aufnahmen wurden im Studio gemacht. Ich wurde geschminkt und frisiert, mir wurden Hüte aufgesetzt und ich bemühte mich, die Anweisungen der Fotografin zu befolgen. Sie war eine großartige, einfühlsame Modefotografin und wusste mich instinktiv zu nehmen. »Sei ganz natürlich, Susanne«, hieß es den ganzen Tag. Also bemühte ich mich »normal« zu schauen, nicht kokett, nicht geziert, einfach natürlich – eigentlich konnte ich auch nur das und so wurde ich dann »abgelichtet«.

Das Ergebnis unserer Arbeit hat uns alle begeistert. Ich fand mich umwerfend, aber Lore Wolff musste in der Redaktion hartnäckig für die Bilder kämpfen. Ihre Kollegen waren anderer Meinung: »Die ist doch viel zu dick und unerfahren!« Lore Wolff setzte sich schließlich durch. Sie wollte gerade meinen Typ und ließ nicht mit sich handeln. So erschien eines meiner Fotos sogar als Titelblatt der Zeitschrift *Heute*.

Von da an nahm mich Lore Wolff unter ihre Fittiche. Sie war meine Kontakt- und Bezugsperson für die restliche Zeit in München. Sie hat mich »in die Modewelt« eingeführt. Hüte bestimmten nun mein Leben, obwohl ich anfangs immer noch täglich an den Klebetisch zurückkehrte.

Nicht lange nach den ersten Modeaufnahmen fragte mich Lore: »Susi, du könntest doch auch mal Kleider vorführen, hättest du Lust? Es gibt eine exquisite Schau im Modehaus Flacker, nur für die Presse. Du hast eigentlich einen ziemlich guten Gang. Also, würdest du dir das zutrauen?« Sie begutachtete mich kritisch: »Allerdings müsstest du in den nächsten drei Wochen einige ›Pfündchen‹ abnehmen. Keine Sorge, ich sag dir wie.« Ich war wie vom Donner gerührt. Noch niemals zuvor hatte ich eine Modenschau gesehen. Und jetzt sollte ich selbst vorführen! Mir war mehr als mulmig zumute.

Ich begann zu hungern. Nach drei Wochen sah ich »schnittiger« aus und passte auch in einige Modelle bei Flacker hinein. Ein Abendkleid aus braunem Taft moiré hatte es mir besonders angetan. Lore gab mir immer wieder Tipps, wie man sich pflegt, wie man ein gutes Make-up macht und wie man »richtig« und unverkrampft geht, ja sie machte mir sogar dies und jenes vor. Trotzdem hatte ich das Gefühl, dass ich noch ganz viel lernen musste. Aber damals wusste ich noch nicht, dass man diesen Beruf nicht eigentlich erlernen kann. Gewiss, bestimmte Kenntnisse kann man sich erarbeiten, doch das, was viel wichtiger ist, nämlich Disziplin, eiserner Wille, Ausdauer und ein gutes Körpergefühl, das muss man instinktiv haben. Nur so vermittelt sich die Ausstrahlung, die über den Anfangserfolg hinaus den endgültigen Aufstieg als Mannequin begründet.

Der große Abend rückte schneller heran als mir lieb war: Meine erste Modeshow im Salon Flacker, bei Kerzenschein. Mir brach der Angstschweiß aus, als ich hinter dem Vorhang stand. Mit einem Papiertaschentuch tupfte ich vorsichtig mein perfekt geschminktes Gesicht ab und schielte gleichzeitig durch einen Spalt, um die anderen Mannequins zu beobachten. Wie gehen sie? Was machen sie mit ihren Händen und dem Kopf, wohin schauen sie und vor allem: Was machen sie mit ihren Füßen? Hektisch speicherte ich jede Kleinigkeit ab. Dann bekam ich einen leichten Schubs und »draußen« war ich, im Rampenlicht. Auf einmal war ich allein, nur ich und das Kleid. Ich lächelte und fühlte eine Welle der Sympathie auf mich zuschwappen. Die Zuschauer schienen mein Zögern als verspielte Koketterie zu deuten. Es ging irgendwie, ich stolperte nicht, es war eigentlich ganz leicht, ich war, wo ich hinwollte: auf dem Laufsteg.

Die Modenschau wurde für mich zu einem ersten Erfolg und brachte mir viele kleine Engagements in den großen Modehäusern. Nun war meine Zeit noch knapper bemessen, die Arbeit am Geiselgasteig, die Stunden in den Modesalons. Dazwischen hungerte ich und unternahm stundenlange Gewaltmärsche, um noch schlanker zu werden. Ich hatte sogar mit dem Rauchen angefangen, um nicht ständig ans Essen denken zu müssen.

Ein halbes Jahr nachdem mich Lore Wolff aufgespürt hatte, meldete sie mich zu einem Wettbewerb an: Wer ist das schönste Mannequin Münchens? Zuerst zierte ich mich. Ich war doch eine Anfängerin, da schien es mir vermessen, mich mit erfahrenen Models messen zu wollen. Als Lore mich feige nannte, war mein Ehrgeiz geweckt. Jetzt war ich es, die den Wettbewerb unbedingt wollte. Ich schwor mir, so gut wie möglich abzuschneiden. Bestes Mannequin von München, dieser Titel würde mich über die Stadtgrenzen hinaus bekannt machen. Und ich wollte Erfolg haben, vielleicht sogar wieder nach Berlin zurückkehren. In die Stadt, für die gerade die Blockade aufgehoben worden war.

Woher ich damals meinen Mut nahm, weiß ich nicht, vielleicht war es Übermut und der Wille, verpasste Chancen nachzuholen. Die Konkurrenz war groß, viele gewandte, schöne, gut gewachsene Mädchen, die sehr selbstbewusst und überlegen taten. Aber die »Neue«, fast so schlank wie zu Lagerzeiten, war erfolgreicher und wurde die Siegerin des Abends. Mein erster Preis – ein russischer Silberfuchs für den »New Look«.

9 Glanz und Gloria in Berlin

Nach den anstrengenden Monaten in München hatte ich mir einen kleinen Urlaub verdient. So fuhr ich im Herbst 1949 zu meinen Eltern nach Berlin. Vieles hatte sich verändert, seit ich die Stadt so überstürzt verlassen hatte. Ich war jetzt selbständig, lebte von meinem eigenen Geld und hatte mir bereits als Mannequin einen Namen gemacht. Mein Erfolg in München war sogar bis nach Berlin gedrungen.

»Kind, was ist nur mit dir geschehen!«, rief mir meine Mutter zu, als ich in Tegel aus dem Taxi stieg, und konnte sich kaum wieder beruhigen. »Du siehst so fremd aus. Und dünn bist du geworden!« Wir nahmen in der Küche Platz: Mein Stiefvater kam dazu und betrachtete mein geschminktes Gesicht mit einem leicht verächtlichen Lächeln, dann wanderte sein missbilligender Blick zu der Zigarette in meiner Hand. »Vorführdame!«, meinte er süffisant. »So kann man also auch sein Geld verdienen! Vergiss nie, Schönheit ist vergänglich und dann stehst du wieder auf der Straße!« Und damit verließ er uns wieder.

Die Reaktion meiner Eltern hatte ich vorausgeahnt. Alles an mir widersprach den Prinzipien, auf denen ihr Leben aufgebaut war. Ich hatte nun einmal den Weg gewählt, vor dem sie mich früher gewarnt hatten. Cutterin beim Film oder Mannequin – beide Berufe waren in ihren Augen unsolide. Früher hatte ich mit aller Macht gegen ihre spießigen Vorstellungen angekämpft und sie als engstirnige Besserwisser beschimpft. Mittlerweile war mir ihre Einstellung aber ziemlich gleichgültig. Ich war durch meinen Erfolg gelassener, ich war flügge geworden.

Doch nicht nur ich hatte mich verändert. Auch Berlin hatte sich gewandelt. Inzwischen gab es zwei deutsche Staaten und West-Berlin hatte nach der Währungsreform und der Aufhebung der Blockade endlich Anschluss an den Lebensstandard der jungen Bundesrepublik gefunden. Der Kurfürstendamm schickte sich an, mit anderen aufblühenden Prachtstraßen wie der Düsseldorfer Kö, der Frankfurter Zeil oder der Münchner Maximilianstraße zu konkurrieren. Viele Menschen hatten endlich wieder Geld in der Tasche. Sie wollten sich amüsieren, das Leben genießen und sich auch ab und zu etwas Luxus leisten. Die halbseidenen Etablissements der Schwarzmarktzeit wurden von schicken Bars und Restaurants verdrängt, die überall wie Pilze aus dem Boden schossen.

Den Modehäusern rund um den Kurfürstendamm gelang es nach und nach, an die alten Traditionen Berlins als Modehauptstadt anzuknüpfen. Bereits im Herbst 1948 hatte Heinz Oestergaard, der neue Stern am Berliner Modehimmel, Modeschauen in Wiesbaden, Frankfurt, Hannover und Hamburg organisiert. Seine Mitarbeiter – die Mannequins, Friseure, Hutmacher und Schuhmacher – hatten in ihrem Gepäck Kollektionsteile verstaut und waren einzeln oder zu zweit in den Westen gefahren. Der Erfolg dieser Tournee war überwältigend.

Auch ich war neugierig auf diesen neu entstandenen

Modesalon und wollte ihn gleich in den ersten Tagen meines Besuchs aufsuchen. Umso erstaunter war ich, als mir meine Mutter bei meiner Ankunft einen Brief von Heinz Oestergaard in die Hand drückte, in dem er mich um ein Treffen bat – falls ich Lust dazu hätte. Ich konnte mein Glück kaum fassen: Und ob ich Lust hatte! Wir trafen uns in seinem Atelier in der Ebereschenallee. Auf Anhieb verstanden wir uns und Oestergaard verpflichtete mich sofort für eine Modenschau. Mit diesem Engagement begann meine Berliner Karriere, denn schon bald meldeten sich auch die anderen großen Berliner Modehäuser. Ich sagte München Ade.

Der Beruf des Mannequins ist so vielfältig wie die Mode selbst – das war schon damals so und ist heute auch noch so. Wie die meisten Mädchen wurde ich zunächst für einzelne Veranstaltungen, später dann, als ich bekannter war, saisonal gebucht. Viele von uns wechselten in jeder Saison die Häuser, manchmal sogar die Städte. Wer es sich leisten konnte, ging im Sommer nach Paris und im Winter nach Berlin oder umgekehrt. So weit war ich allerdings zu Beginn der fünfziger Jahre noch nicht. Doch ich hatte – wie so oft – Glück. Schon nach wenigen Vorführungen bot mir Hans Gehringer vom Modehaus Gehringer & Glupp einen Vertrag als Haus-Mannequin an. Damit hatte ich in meiner damaligen Vorstellungswelt bereits die Spitze der Karriereleiter erklommen.

Gehringer nannte uns Mannequins gern seine Musen. Alle Kleider wurden uns individuell auf den Leib geschneidert. Als ich das erste Mal in den Vorführräumen am Kurfürstendamm eines seiner Modellkleider anhatte, betrachtete er mich wohlwollend von oben bis unten. »Am besten gefallen mir Ihre zierlichen Füße«, meinte er anerkennend.

Noch ehe ich überhaupt auf dieses eigenartige Kompliment reagieren konnte, protestierte die Direktrice lautstark: »Na – und der Kopp is woll gar nischt?« So nahm ich meinen Einstand im Hause Gehringer & Glupp, dem ich beinahe während meiner gesamten Karriere eng verbunden blieb.

Auch privat ging es mit mir steil bergauf. Eines Abends, ich lebte erst seit kurzer Zeit wieder in Berlin, suchte ich mit einem guten Bekannten die Ziro-Bar auf, die in Berlin damals als der bekannteste Treffpunkt galt. Bislang hatte ich wenige Bars von innen gesehen, für so viel Eleganz hatte mein Geld einfach nicht gereicht. Als wir auf den hinter schweren Vorhängen liegenden Eingang zugingen, teilte sich dieser vor uns wie durch Zauberhand und ein Paar trat uns entgegen. Der Herr, ein großer, braun gebrannter Blonder mit lustigen Augen, ging voran, gefolgt von einer sehr hübschen Frau. Für einen kurzen Augenblick trafen sich unsere Blicke. Der Mann schaute mir in die Augen, ein wenig auffordernd, ein wenig spöttisch, jedenfalls ziemlich unverschämt. Ich war ja schon einiges gewohnt, aber dieser Blick ging mir unter die Haut. Den ganzen Abend schwirrten mir diese Augen im Kopf herum.

Dies war meine erste kurze Begegnung mit Krafft Killisch von Horn. Vielleicht zwei oder drei Tage später haben wir uns zufällig in derselben Bar wieder getroffen. Er setzte sich zu mir an den Tisch, wir kamen ins Gespräch und nach ein paar Stunden war mir klar, dass ich mich verliebt hatte. Glücklicherweise ging es ihm ähnlich. Wir wurden ein Paar, obwohl Krafft noch verheiratet war. Seine Frau hatte aber längst das gemeinsame Haus verlassen und die Scheidung eingereicht.

Täglich holte mich Krafft von nun an mit dem Auto bei meinen Eltern in Tegel ab, da ich noch keine Zeit gefunden hatte, eine eigene Wohnung zu suchen. Er flirtete dezent mit meiner Mutter und machte artig Konversation mit meinem Vater, bis er mich schließlich in sein Auto verfrachten konnte. Das Herz meiner Mutter gewann er sofort, er war einfach ein charmanter Alleskönner.

Krafft von Horn war von Beruf Kaufmann und hatte es zum Ende der vierziger Jahre schon ziemlich weit gebracht. Er war elf Jahre älter als ich, ein »Hans Dampf in allen Gassen«, für den es keine unlösbaren Probleme zu geben schien. Zwar hatte ich durch meine Anstellung bei Gehringer & Glupp ein gutes Auskommen und hätte mir zum ersten Mal in meinem Leben beinahe alle Wünsche erfüllen können, dennoch war es Krafftchen, wie ich ihn nannte, der mich in jener Zeit verwöhnte. Er war mehr als großzügig, äußerst lebensfroh und ein bisschen verrückt. Als erfolgreicher Geschäftsmann konnte er es sich leisten, sein Leben in vollen Zügen zu genießen und andere – wie mich – dabei einzubeziehen.

Sofort nach seiner Scheidung zog ich bei ihm in der Bismarckallee im Grunewald ein. Dort lebten wir in einem kleinen Haus mit Zwiebelturm, das vor dem Krieg eine Remise gewesen war. So gemütlich und komfortabel unser Zuhause auch war, wir hielten es nie lange in unseren vier Wänden aus. Wir hatten beide viel nachzuholen und führten ein exzessives Nachtleben. »Schlafen können wir auch noch später, wenn wir alt sind!«, lautete unsere Devise. Abend für Abend zogen wir nach getaner Arbeit durch Berlin, gingen zum Essen, ins Theater und in Bars. Damals gab es noch richtige Tanzbars mit schummerigem Licht, langen Theken, kleinen Lämpchen auf den Tischen und einem Klavierspieler. Für einen letzten Drink landeten wir dann immer bei »Richie« am Lehniner Platz, wo wir viele Bekannte trafen. Das Richie war in jenen Jahren die ultimative Adresse für Nachtschwärmer wie wir.

Es dauerte nicht lang und Krafftchen schenkte mir, nachdem ich meine Fahrprüfung bestanden hatte, ein eigenes Auto, einen DKW, ganz ähnlich dem von Sven Erichsen, nur hatte meiner einen festen Unterboden und durch das Dach regnete es auch nicht. Meine erste Fahrt am Steuer führte mich – völlig unsicher und verkrampft – in die Stadt, den Kurfürstendamm hinunter bis zur Ecke Uhlandstraße, zu dem herrlichen Gebäude, wo Gehringer & Glupp ihre Geschäftsräume hatten. Dort gab es im Erdgeschoss einen kleinen, eleganten Modesalon, die Boutique Nolte. Zur Belohnung leistete ich mir etwas Schickes, um anschließend sofort wieder ins Auto zu steigen und nach Hause zurückzufahren. Trotz aller Unsicherheit tat ich so, als wäre Autofahren das Selbstverständlichste von der Welt, und jubelte innerlich. Das war Freiheit. Es ging mir so unverschämt gut. Der Mann, der Beruf, mein Erfolg, meine Unabhängigkeit. Was wollte ich eigentlich mehr? Manchmal zwickte ich mich, um sicherzugehen, dass ich nicht träumte.

Das Ende der Karriereleiter hatte ich noch längst nicht erreicht. Im Gegenteil, nun ging es erst richtig los. Ganz harmlos zunächst, mit unserem ersten richtigen Urlaub am Meer. Auf Sylt wurde ich zur Miss Schleswig-Holstein gekürt und kurz danach im September 1950 zur Miss Germany. Drei Wochen später reiste ich zur Wahl der Miss Europa nach Rimini. Dort trafen sich die Schönheitsköniginnen aus ganz Europa. Ich musste allein reisen, war aber bestens ausgestattet. Hans Gehringer hatte mir Kleidung zur Verfügung gestellt und ein Pelzhändler aus Berlin hatte mir ein Nerzjäckchen für die Reise geliehen. »Nimm's mit, aber bring es mir ja wieder zurück!«, hatte er mir zum Abschied zugerufen.

Einige Tage vor der Wahl war ich nach Mailand geflogen. Von dort ging es mit dem Zug nach Rimini an die Adria, wo ich gegen Mitternacht ankam. Mutterseelenallein stand ich am Bahnhof und fror. Ich nahm mir ein Taxi zum Hotel, ohne ein Wort Italienisch zu können, und fiel todmüde ins Bett. Am nächsten Morgen schien das Hotel wie ausgestorben. Das Komitee war ausgeflogen, ohne eine Nachricht für mich zu hinterlassen. Im Zimmer wollte ich mich nicht vergraben. Schließlich war ich im Land aller bundesdeutschen Träume. Ich schnappte mir meinen Badeanzug und bummelte zum Strand.

Sofort wurde ich angesprochen. »Welche Miss?«, fragte mich ein junger Mann auf Englisch. Noch ehe ich antworten konnte, kamen ein paar Frauen mit Babys auf den Armen herbeigeeilt. Als sie sicher waren, dass sie eine echte Miss Germania vor sich hatten, musste ich endlos vor ihren Kameras posieren, mit Kindern, jungen Männern und ganzen Familien. Das war wenigstens ein Empfang, wenn auch ein inoffizieller!

Nach dem Mittagessen wurde ich dann endlich dem Komitee vorgestellt. Die Franzosen, Italiener, Schweden und Dänen waren sehr freundlich. Die Norweger aber schienen wie zu Eis erstarrt, als sie mir, einer Deutschen, gegenüberstanden. Auch die Belgier gaben sich betont kühl. Ein Herr aus der Schweiz allerdings war ausgesucht unhöflich: »Unmöglich, als Deutsche darf sie niemals Siegerin werden!«, soll er sich im Kreis der Delegierten hinter verschlossenen Türen erzürnt haben, wie mir prompt weitererzählt wurde. »Warum trifft es mich schon wieder?« In mir brodelte es. Hatte ich nicht schon genug gebüßt für die Schrecken des Krieges? Ich beschloss, alles mit Humor zu nehmen. Die Wahl erschien mir wie eine Farce. Schließlich stand es schon von vornherein fest, dass ich keine Chance hatte.

Zu den Vorwahlen sollten wir in Badeanzügen oder Bikinis erscheinen, die vom Komitee gestellt wurden. Mit einem höflichen Lächeln wurde mir ein Bikini in die Hand gedrückt, den ich dem Assistenten am liebsten sofort vor die Füße geschleudert hätte. Dieser lächerliche Fetzen war für Kinder oder eine Zwergin gedacht. In diesem Aufzug wollte und konnte ich nicht vor Publikum auftreten. Also setzte ich mich hin und bohrte mit einer Pinzette so lange in das Höschen, bis ein kleiner, feiner Riss entstand. »Schauen Sie nur!« Mit einem unschuldigen Lächeln präsentierte ich das Höschen einem der Herren. »So kann ich wirklich nicht bei den Vorwahlen erscheinen!« Er konnte nicht anders, als mir zuzustimmen. Die Vorwahl bestritt ich in meinem eigenen Badeanzug und ich hatte das Gefühl, nicht nur auf Ablehnung zu stoßen.

Der Abend der Endausscheidung fand in den Räumen des Grandhotels Excelsior statt. Elegante Damen und Herren aus ganz Europa flanierten durch die geschmückten Säle. Überall nur prachtvolle Abendkleider, die inmitten der eintönigen Fräcke und Smokings wie bunte Schmetterlinge zu schweben schienen. Ich war fasziniert von so viel Schönheit und Luxus und spürte, wie mich langsam das Lampenfieber erfasste. Obwohl ich nichts zu verlieren hatte, wurde ich sichtlich nervös. »Ruhig Blut, Suse«, betete ich leise vor mich hin.

Als ich dann an die Reihe kam, ging ich beinahe gelassen über den Laufsteg, denn mir war zuvor die zündende Idee gekommen: Um überhaupt eine Chance zu haben, musste ich die Frauen auf meine Seite ziehen. Und das tat ich, indem ich keinen Mann im Saal anschaute. Wie durch ein Wunder funktionierte der Trick. Die eleganten Damen im Publikum schienen zu spüren, dass ich ihnen gefallen wollte. Ich fühlte ihre Sympathie und Zuneigung. Genutzt hat es mir jedoch herzlich wenig. Wie zu erwarten war, landete ich auf einem der mittleren Plätze. Den Titel gewann die Miss Austria, Hanni Schall, eine hübsche, rothaarige Österreicherin. Es war ein Überraschungssieg, der selbst ihre eigene Delegation überrumpelte.

Vierzig Jahre später traf ich Hanni Schall in München während einer Fernsehaufzeichnung wieder. Petra Schürmann hatte für ihre Sendung *Das Wunschkonzert* verschiedene Schönheitsköniginnen der Anfangsjahre eingeladen. Inmitten von typischen Einrichtungsgegenständen der fünfziger Jahre saßen wir, die einstigen Würdenträgerinnen, wie Perlen an einer Schnur auf Barhockern und wurden nacheinander zu unserer Vergangenheit befragt. Noch während ich an der Reihe war, nestelte die neben mir sitzende Hanni Schall an ihrem Abendtäschchen herum. Ich wunderte mich, was sie wohl daraus hervorzaubern würde, da sagte sie plötzlich in die laufende Kamera: »Jetzt möchte ich doch noch etwas gut machen!«, und wandte sich mir zu. »Pass mal auf, Susanne, dies hier wollte ich dir schon immer sagen. Damals 1950 hättest eigentlich du den Titel verdient. Und deswegen habe ich dir als kleine Wiedergutmachung heute die Schärpe mitgebracht!« Ich war vollkommen überrascht über diese großzügige Geste und – wie nicht oft in meinem Leben – wirklich sprachlos.

Gerührt drückte ich ihr ein Küsschen auf die Wange und schluckte ein, zwei Tränen tapfer herunter.

Nach der verlorenen Wahl zur Miss Europa flossen bei mir allerdings keine Tränen. Ich war nur erleichtert, diesen Wettkampf halbwegs anständig bewältigt zu haben. Und nach meiner Rückkehr wurde ich mehr als genug entschädigt. Über Nacht war ich richtig populär geworden. Die Medien zeigten ein ungeheures Interesse an meiner Person. Mein Konterfei zierte plötzlich die Titelblätter vieler Zeitungen. Man lobte meine Eleganz und meine damenhafte Erscheinung. Ich wurde zum Starmannequin und mit Anfragen für Fototermine überhäuft.

In jenen Jahren bestand noch eine strikte Trennung zwischen Mannequins auf dem Laufsteg und Fotomodels. Das Mannequin lebte in der Bewegung. Nur der bewegte Körper erweckte die Einmaligkeit der Kreation zum Leben. Das Fotomodel dagegen musste der Vision des Fotografen eine Linie geben, Schönheit im Stillstand, im Spiel von Licht und Schatten entfalten. Die Kamera hat ein mitleidsloses Auge, dem selbst kleinste Fehler nicht verborgen bleiben. Viele Mannequins haben sie deswegen gehasst. Mir dagegen hat die Kamera immer geschmeichelt. Meine Karriere hatte als Hutmodel vor einem Objektiv ihren Anfang genommen und ich habe die Arbeit als Fotomodel nie ganz aufgegeben. So wurde ich in den frühen fünfziger Jahren zu einer der meist fotografierten Frauen Deutschlands. Die Hochglanzbilder in den teuren und nicht so teuren Zeitschriften gaukelten eine Welt voll Glanz und Glamour vor, die für viele Frauen zu einem Ideal wurde, zu einem Traumbild, dem sie nachzueifern versuchten.

Mein Alltag war alles andere als glamourös, er war vor

allen Dingen arbeitsreich. Liebevoll umsorgt von unserer treuen Haushälterin Anna konnte ich mich morgens an einen gedeckten Frühstückstisch setzen, wo ein Magermilchjoghurt mit einem Apfel und etwas Knäckebrot auf mich warteten. Gegen acht Uhr schnappte ich mir meine große Modeltasche mit allen wichtigen Utensilien für den Tag und raste damit zu Arno, unserem Friseur am Kurfürstendamm. Arno musste meinen Kolleginnen und mir die Haare zu einer engen Einschlagfrisur stecken. Die Mannequins mit einer Kurzfrisur hatten dieses Problem nicht, aber von uns anderen forderten unsere Meister der Haute Couture »kurze, kleine Köpfe« und volles Makeup, auch während der Anproben – sonst hätten sie keine Intuition, keinen modischen »Blitz«, wie sie es nannten. Bis das Kunstwerk vollbracht war, wurden an mir also Dutzende winziger Nadeln und Haarklammern verarbeitet, die ich in einem Täschchen jeden Morgen bei mir trug.

Ungefähr fünf bis sechs Wochen vor der Premiere unserer Modeschauen, dem Augenblick, wo sich der Vorhang hob und das Geheimnis um die neue Sommer- oder Winterkollektion enthüllt wurde, begann die so genannte Musterzeit, das heißt die Zeit der intensiven Anproben.

Nach dem Friseur eilte ich sofort zu den Umkleidekabinen. Jedes Mannequin hatte seinen Platz mit Schminktisch und Spiegel, um das Profi-Make-up aufzulegen und die falschen Wimpern anzukleben. Um neun Uhr begannen dann die Anproben. Die »Zwischenmeister«, die uns die einzelnen Modelle auf den Leib schneiderten, kamen zeitlich über den ganzen Tag verteilt bis in den Abend hinein. Wenn sich die Anproben hinzogen, weil eines der Modelle noch nicht richtig saß oder weil es den Herren Couturiers plötzlich gefiel, das ursprünglich gezeichnete Modell vollkommen zu verändern, dann dauerten die Arbeitstage bis in den späten Abend hinein. Manchmal saßen wir Stunde um Stunde in speziell angefertigten kleinen Miederkorsetts an unseren Schminktischen, schwitzten unter dem dicken Make-up und dem vielen Licht. Wir wurden dann immer gereizter, denn schließlich hatten auch wir Pläne für den Abend.

Manche von uns verbrachten die Stunden des Nichtstuns strickend oder lesend, etwas, was ich überhaupt nicht konnte. Ich perfektionierte meistens meine Make-up-Künste und schrieb Briefe oder endlos lange Listen von Dingen, die ich noch zu erledigen hatte. Wenn es gar zu langweilig wurde, holte ich das von Anna vorbereitete Schraubglas mit gekochtem Reis und Petersilie hervor, meinen Tagesproviant, der nicht dick machte, aber wenigstens nach etwas schmeckte und vor allem sättigte. Leider war die letzte Anprobe meist erst gegen 20.30 Uhr durchgestanden. Dann war endlich Feierabend.

Klar, dass ich nach körperlich derartig anstrengenden Tagen nicht sofort nach Hause gehen konnte. Mitunter hatte Krafftchen aber an manchen Abenden keine Zeit für mich, was nicht weiter schlimm war, denn dann konnte ich meiner Vorliebe für alles Russische frönen, die er nicht mit mir teilte. Meine Nähe zur russischen Kultur und Musik war nach wie vor groß. Ich suchte gerne russische Restaurants auf, insbesondere das »Bojar«. Dort gab es von der üppigen Sakuska bis zum einfachen Borschtsch, vom Champagner bis zum Wodka in jeder Preisklasse einfach alles. Bei den Klängen einer mitreißenden Balalaika-Kapelle begegneten sich hier wohlhabende Deutsche und russische Emigranten. Ich freundete mich schnell mit dem Inhaber und den Musikern an, allesamt russische Emigranten.

Niemand drängte mir ein Gespräch auf. So konnte ich mich, wenn ich wollte, ganz auf die schönen russischen Lieder konzentrieren und meiner »russischen Seele« freien Lauf lassen. Wenn ich einen besonderen Liedwunsch hatte, erfüllten ihn mir die Musiker mit großer Hingabe. Sie trafen immer den richtigen Ton. So mancher Wodka wurde dabei gekippt und so manches Scheinchen wechselte den Besitzer.

Eine andere große Liebe galt in jener Zeit den Pferden. Seit Kindesbeinen hatte ich davon geträumt, reiten zu lernen. Jetzt konnte ich mir diesen Traum erfüllen. Zuerst wollte ich mir ein eigenes Pferd kaufen. Da traf es sich gut, dass zwei nette junge Polen in den Pichelsdorfer Stall kamen, den ich, wenn es die Zeit erlaubte, aufsuchte, und zwei Pferde zum Verkauf anboten. Das eine war Jimmy, ein noch junger Schimmel mit Trakehnerbrand, einer halben Elchschaufel mit Krone auf der linken Hinterhand. Es gab keine Papiere für ihn, vermutlich weil er als noch ganz junges Fohlen auf dem grauenvollen Ostpreußentreck im Winter 1944/45 nach Westen mitgezogen war. Das andere Pferd hieß Penthalon und war ein Vollbluthengst, ein Sommerrappe mit herrlichem Hals und einem kleinen Köpfchen. Beide Tiere waren sehr gut zugerittene Dressurpferde und Jimmy konnte sogar springen.

Ich wollte mich nicht für das eine oder das andere Pferd entscheiden und so habe ich schließlich beide gekauft. Den Preis, den ich dafür zahlen musste, habe ich vergessen, aber er war eher niedrig. Die beiden polnischen Männer wollten die Pferde unbedingt loswerden, weil sie dringend Geld brauchten, um nach Zürich beziehungsweise Paris zu ziehen.

Auf dem Reiterhof Pichelsdorfer habe ich auch Carolus Boromeus Bauch kennen gelernt, einen vornehmen Herrn älteren Jahrgangs, der ein großartiger Reiter war. Schnell wurden wir Freunde. Er gab mir Reitunterricht und wir arbeiteten jahrelang zusammen.

Nun waren meine Tage noch straffer organisiert als zuvor. Die beiden Pferde mussten täglich bewegt werden. Deshalb bat ich Hans Gehringer, in den Pausen zwischen den Anproben in den Reitstall verschwinden zu können. Großzügig willigte er ein, sodass ich entweder vormittags oder nachmittags im Sattel saß und Dressuraufgaben probte. Carolus Boromeus war ein strenger Lehrer mit großem Sachverstand, der mich und die Pferde hart trainierte. Hin und wieder erlaubte er mir einen Ausritt in den Wald. »Die Pferdebeine, liebe gnädige Frau«, belehrte er mich warnend, »die Pferdebeine sind das Kostbarste, was es gibt. Man muss sie achtsam behandeln!«

Nach zwei Jahren erhielt ich meine lang ersehnte Belohnung: Bauch ließ mich an Turnieren teilnehmen! Zunächst ging ich in Berlin-Düppel an den Start, dann beim Reit- und Springturnier der Grünen Woche und anschließend beim Sommerturnier im Olympia-Reiterstadion. Nach diesen Berliner Feuerproben ging es nach Euskirchen und Lennep. Dort fanden Vorbereitungsturniere für das internationale Turnier (CHIO) in Aachen statt. Bestens trainiert brachte ich den Mut auf, an diesem Großereignis teilzunehmen, und belegte von rund 24 Teilnehmern den 16. Platz. Das machte mich stolzer und glücklicher, als es der erste Platz bei der Miss-Europa-Wahl je gekonnt hätte. Meine Konkurrenten waren immerhin die besten Reiter Deutschlands: Zu ihnen gehörten Käthe Franke, bekannt auch als »Katharina, die Große« – sie war damals die beste

Dressurreiterin –, »Bubi« Günther, Fritz Tiedemann, beide zwar beste Spring-, aber auch ausgezeichnete Dressurreiter, und Kurt Capellmann.

Leider jedoch forderte mein Hauptberuf seinen Tribut. Mit jedem Jahr wurde die Zeit knapper, die ich für das Reiten erübrigen konnte. Immer häufiger erhielt ich internationale Engagements. Ich reiste viel: zu Fototerminen nach Paris oder zu Modeschauen deutscher Couturiers in alle großen Städte Europas.

Im Oktober 1951 erhielt ich sogar einen Filmvertrag von F. A. Mainz in Hamburg. Der Film sollte im Frühjahr 1952 gedreht werden. Zur Vorbereitung nahm ich nun zusätzlich auch noch Schauspielunterricht, zehn Stunden pro Woche. Jetzt saß ich in den Pausen zwischen den Anproben über meinen Textbüchern und hatte eigentlich nichts anderes mehr im Kopf, als Filmschauspielerin zu werden. Doch es kam wieder einmal ganz anders.

Eines Tages rief mich Hans Gehringer zu sich. Er hatte das Angebot erhalten, mit seiner Frühjahrs- und Sommermode 1952 an der zweiten *International Fashion Review* in Atlantic City teilzunehmen. Eines seiner Mannequins sollte dort als Repräsentantin die Kollektion vorführen. Diese sehr verantwortungsvolle Aufgabe wollte er mir übertragen.

Mich traf der Schlag! Amerika! Gemeinsam mit den schönsten Mannequins aus aller Welt, die Kleider von Dior, Fath, Balmain und Schiaparelli trugen, Mode zu präsentieren und in einen Wettbewerb zu treten – das war eine echte Herausforderung. Den Traum vom Filmstar musste ich allerdings schweren Herzens aufgeben, denn die Schau in Atlantic City fiel direkt in die Drehzeit. Doch was war schon ein Film mit zweifelhaftem Erfolg gegen eine solche wohl einmalige Chance?

Wieder einmal begab ich mich auf die Jagd nach Pass, Visum und den anderen notwendigen Papieren. Wieder musste ich nächtelang Proben über mich ergehen lassen und wieder wuchs meine Sorge ins Unermessliche, gut, sehr gut, besser als alle anderen auszusehen.

Anfang März 1952 brachte mich Hans Gehringer mit den zwanzig Schrankkoffern voll der allerschönsten Kleider zum Flughafen. Die gesamte Kollektion inklusive Schuhe und Hüte war erst in allerletzter Minute sorgfältig verpackt worden, um Transportschäden zu vermeiden. Noch am Abend vor meiner Abreise hatten dienstbare Geister den weiten Rock eines wunderbaren Abendkleides aus weißem Organza mit Seidenpapier ausgestopft, um Knitterfalten zu vermeiden. Schon Wochen vorher hatte Hans Gehringer die Formalitäten mit dem Zoll geregelt. Da die Kleidungsstücke ausschließlich zu Präsentationszwecken in die USA eingeführt wurden, konnte ich sie als normales »Gepäck« deklarieren. An der Abfertigung verschwand ein Koffer nach dem anderen im Bauch des Flugzeugs. Der Abschied rückte immer näher und ich wurde immer nervöser. Der lange Flug, Amerika, meine nicht sehr glänzenden Englischkenntnisse – es war ein Abenteuer, dem ich mit zunehmend gemischten Gefühlen entgegensah. Krafftchen, der mich im Arm hielt, spürte meine Unruhe. »Mensch, Kleene«, er zwickte mich, »du machst det schon! Mit diese Beene loofste allen Ängsten weg!« Dann drückte er mir einen dicken Kuss auf die Wange und schob mich auf die Gangway. Wenig später startete der Propellerflieger.

Zwölf Stunden später wurde ich auf dem Flughafen in

New York/Idlewild von Vivian Donner, der Organisatorin der *International Fashion Revue*, von Yolande Betbeze, der Miss Amerika 1950, und jeder Menge Reporter aufs Herzlichste empfangen. Meine Ankunft war ein Medienereignis, denn die Präsentation deutscher Mode nur sieben Jahre nach dem großen Krieg galt als Höhepunkt der zweiten *International Fashion Review*, auf der achtzehn Nationen, darunter auch Israel, vertreten waren. Noch bevor ich einen Fuß auf amerikanischen Boden gesetzt hatte, kannten die versammelten Journalisten und Fotoreporter bereits meinen gesamten Lebenslauf. Sie wollten die Deutsche sehen, die aus den Kohlenschächten der sowjetischen Lager auf den Laufsteg internationaler Modeschauen gefunden hatte. Ein Raunen ging durch die Menge, als ich im Blitzlichtgewitter die Gangway hinunterschritt. Ich fühlte mich gut, beinahe wie ein Star!

Die folgende Woche erlebte ich wie im Traum. Zeit zum Nachdenken blieb mir nicht. Nach amerikanischer Art waren die Tage und Nächte minutiös durchorganisiert. Jeder Termin war von Hektik gezeichnet, alles funktionierte präzise wie ein Schweizer Uhrwerk. Als nachkriegsgebeutelte Deutsche kam ich aus dem Staunen kaum heraus und bemühte mich, mein Bestes zu geben. Ich war kooperativ, pünktlich und diszipliniert.

Die Modenschauen in Atlantic City, in jenen Tagen ein mondäner Badeort, und im Hotel St. Moritz in New York waren glamourös. Jede Nation zeigte nur das Beste. Selbst mit den unerhört eleganten Franzosen konnten Gehringers Kreationen mithalten. Sie entsprachen so wenig wie ich den Klischees, die man sich über alles Deutsche zurechtgelegt hatte. Ich war nicht blond und unsere Mode kein bisschen bieder. Schon bald feierte man Gehringers Mode und mich als das neue »Deutsche Wunder«. Die großen Zeitungen und Magazine wie *Time* und *Life* rissen sich um Fototermine. Die Botschafterin der Mode, das »Fräuleinwunder« aus Germany war geboren!

Man brachte mich in ein Studio, wo die Wochenschau *News of the Week* das »German Girl« im »German Outfit« filmen wollte. Etwas verloren stand ich im Blitzlichtgewitter der Pressefotografen. Jeder redete wie verrückt in Englisch auf mich ein. Da war es kurz um meine Fassung geschehen, denn verstanden habe ich fast gar nichts. Mein Schulenglisch reichte bei weitem nicht aus. »Lächle, Suse, lächle!« Mit einem unglaublichen Kraftaufwand habe ich die in mir aufsteigende Panik niedergezwungen. Betont lässig brachte ich mich in Positur, wenn es mir angebracht erschien, antwortete ich mit »yes« oder »no« und ansonsten lächelte ich einfach viel!

Vivian Donner erwies sich nicht nur als hervorragende Organisatorin, sondern auch als gute Freundin. Den großen Erfolg unserer Präsentation nutzte sie, um einen ersten Kontakt zwischen mir und der damals renommierten Modelagentur John-Robert-Powers herzustellen. Die »Powergirls« waren weltweit begehrt! In diesen wenigen Tagen war ich so bekannt geworden, dass die Agentur tatsächlich Interesse zeigte. Ich konnte es kaum fassen! Ich fühlte mich wie die Glücksmarie aus dem Märchen.

Das Ende meines Aufenthalts rückte näher. Für meine Rückreise hatte sich Vivian etwas Besonderes einfallen lassen. Sie hatte mir eine Passage nach Genua auf der »Saturnia«, einem italienischen Luxusliner, gebucht.

Doch vorher wollte ich mir noch einen Traum erfüllen: Ich wollte mir unbedingt einen amerikanischen Nerzmantel leisten. So führte mich Vivian an einem meiner letzten

Nachmittage in das Pelzhaus »Maximilian« in der 57th Street, eines der exklusivsten in ganz New York! Wie fast alle Unternehmen in der Pelz-, Schmuck- und Modebranche war auch dieses Geschäft sehr professionell geführt. Es gehörte einem sympathischen, kultivierten älteren polnischen Ehepaar, der Geschäftsführer war ein ausgewanderter Jude aus Berlin. Man empfing mich hier mit ausgesuchter Höflichkeit. Vor mir wurden auf dem Boden Nerzmäntel ausgebreitet, bis mir die Augen übergingen. Nach längerem Zögern wählte ich einen herrlichen dunklen Standardnerz, so wie ich ihn mir immer gewünscht hatte. Er sollte rund 4000 Dollar kosten – damals etwas mehr als 8000 Euro – ein kleines Vermögen also. So viel Bargeld hatte ich natürlich nicht bei mir. Doch die Frage der Bezahlung war kein Problem. Ich durfte den Mantel sofort mit nach Deutschland nehmen. Noch am gleichen Abend hatte ich Krafftchen in Berlin angerufen. Er wollte mich in Genua vom Pier abholen, aber vorher schon das Geld für den Mantel telegrafisch anweisen. Bereits in Berlin hatte er mir gesagt, ich dürfte mir als eine Art verspätetes Verlobungsgeschenk einen Nerzmantel kaufen! Um den Zoll zu sparen, hatte man mir den Nerz am Abfahrtstag direkt aufs Schiff geliefert. Dort lag er in meiner 1. Klasse-Außenkabine auf einem Sessel drapiert, seidig, schwarz und herrlich glänzend. Ich war außer mir vor Freude!

Zum Abschluss veranstalteten meine neuen Freunde für mich noch eine filmreife Party an Bord, mit Papierschlangen, kleinen Häppchen und Champagner. Als ich nach einer wunderbaren Fahrt schließlich in Genua ankam, stand Krafft strahlend im Gewühle am Hafen. Ich ging in meinem neuen Mantel von Bord. Glücklich schloss er mich in seine Arme, bewunderte das teure Outfit und sagte ganz nebenbei: »Bezahlt ist das gute Stück allerdings noch nicht. Das Geld ist futsch! Geschäfte, weißt du?«

Ich bin wohl ziemlich blass geworden! Was sollte ich nun tun? Eigentlich hätte ich den Mantel sofort zurückschicken müssen – aber das brachte ich nicht über mich! Von Krafftchen aber würde ich die 4000 Dollar so schnell nicht bekommen. Das war mir klar! Ich musste es irgendwie allein schaffen.

10 *Frolleinwunder in New York*

Nachdem ich mich von meinem ersten Schreck erholt hatte, setzte ich mich zu Krafft in den offenen Wagen und ließ mich nach Rom kutschieren. Die Schrankkoffer waren auf den Weg nach Berlin gebracht worden. Rom – wie hatte ich mich auf die ewige Stadt gefreut, doch irgendwie wollte mir auf der Fahrt dorthin die Geschichte mit dem Nerzmantel nicht mehr aus dem Kopf gehen. Es war nicht die Frage des Geldes, die mich beunruhigte. Es war vielmehr meine Beziehung zu Krafft. Etwas hatte sich verändert. Seine fürsorgliche Art war mit der Zeit einer gewissen Nonchalance gewichen. Wir stritten uns nicht mehr so heftig, wir unternahmen nicht mehr so viel gemeinsam. Früher waren wir verliebt gewesen, jetzt hatten wir uns schlichtweg aneinander gewöhnt. Diese dunklen Gedanken hielten dem Zauber der Stadt am Tiber aber nicht lange stand. Wir streiften durch die Sehenswürdigkeiten, besuchten das Copa d'Oro, das große Reitturnier, und erlebten eine unbeschwerte Zeit, bevor wir in die Hektik des Alltags zurückkehrten.

In Berlin wartete bereits eine Überraschung auf mich. Der Erfolg in den USA hatte den Atlantik schneller überquert als ich. Als »Fräuleinwunder« – wie die Amerikaner meinen Auftritt benannt hatten – war ich auch in Deutschland schnell in aller Munde und konnte mich über viele Engagement-Anfragen freuen.

Und dann flatterte nach einigen Wochen ein Brief ins Haus, mit dem ich eigentlich nicht mehr gerechnet hatte. Die Modelagentur John-Robert-Powers wollte mich unter Vertrag nehmen. Das Interesse an der ungewöhnlichen Deutschen war so groß, dass man sich bereits um eine Arbeitsgenehmigung und die nötigen Visa für mich bemüht hatte. Diese Chance konnte ich mir nicht entgehen lassen und so begann eine Zeit des Pendelns zwischen Berlin und New York. Meinem Stammhaus Gehringer & Glupp blieb ich weiterhin treu, doch die Monate zwischen den Schauen nutze ich für Engagements in den USA.

Schon gleich bei meinem ersten Arbeitsaufenthalt wurde mir klar, in welchem Elfenbeinturm ich bis dato gelebt hatte. Man hatte mich zusammen mit anderen Mannequins in einem kleinen Hotel für ledige Frauen untergebracht. Aus meinem kargen Zimmer hatte ich einen Blick in schwindelerregende Tiefe. Fasziniert beobachtete ich das Verkehrsgewühl, diese wilde Mischung aus Lärm, Staub und Dunst, in der die Menschen wie emsige Ameisen durch die Straßen wieselten. Und der Strom riss nicht ab. Diese Stadt kannte keinen Schlaf.

Bei meinem ersten Spaziergang durch die langen Straßenfluchten konnte ich die Spannung, von der alles erfasst war, beinahe körperlich spüren. Jeder um mich herum schien ein festes Ziel zu haben, dem er mit eiligen Schritten zustrebte. Allein ich ließ mich treiben. Trotz aller Hektik aber herrschte eine freundliche Lässigkeit. Ich fühlte mich frei und heimisch. Alles schien möglich, auch wenn ich noch nicht verstand wie. Bei meiner Rückkehr ins

Hotel wurde ich von der Dame an der Rezeption kritisch beäugt. Männerbesuch war in diesem Haus nicht gestattet und das Verbot wurde eisern befolgt. Die Freiheit, alles machen zu können, war also nicht mit der Freizügigkeit und dem Laissez-faire unserer Berliner Nachkriegsjahre zu verwechseln. In den USA gab es Regeln, an die sich jeder halten musste. Und das oberste Gebot lautete: Pünktlichkeit und Zuverlässigkeit im Job.

Neben der Rezeption gab es einen öffentlichen Fernsprecher, das einzige Telefon im Hotel. Wie die anderen Mannequins stand auch ich dort jeden Abend an, um mit einem Anruf bei meiner Agentur die Termine für den nächsten Tag abzusprechen. Zunächst einmal wurde ich fit gemacht für den Mannequin-Alltag. Ich erhielt eine Set-Card, auf der neben ansprechenden Fotos die Charakteristika meines Äußeren und meine Maße verzeichnet waren. Anders als in Berlin waren die Kleider der New Yorker Modehäuser nicht maßgeschneidert, sondern nach Größen gefertigt. Als Mannequin musste man hineinpassen oder man bekam keine Jobs mehr. Plötzlich erschien mir Gehringers Drohung »Mädels, achtet auf eure Figur. Wenn die Taille über 62 cm geht, gibt's Ärger!« wie eine Freundlichkeit.

Deshalb schienen hier die Mannequins noch intensiver zu hungern als bei uns. Dazu waren sie täglich der heftigsten Konkurrenz und unbeschreiblicher Hektik ausgesetzt. Um das zu überstehen, suchten die meisten schon nach kurzer Zeit Hilfe bei der Pharmazie. Sie schluckten Pillen gegen den Hunger, Pillen zum Entwässern, Pillen zum Aufputschen, Pillen zum Einschlafen. Es war so einfach. Man musste nur den richtigen Arzt kennen. Nach einer ersten Untersuchung bekam man dann alles auf Rezept und ohne

Wartezeit. Obwohl ich mir anfangs geschworen hatte, niemals auf solche Hilfsmittel zurückzugreifen, brauchte es nur zwei, drei Arbeitsaufenthalte in New York, bis auch ich mir von einer freundlichen Sprechstundenhilfe mein erstes Rezept überreichen ließ.

Bei meinem ersten Besuch hatte ich nur wenige Auftritte am Tag. Das war geradezu paradiesisch im Vergleich zu den vollen Arbeitstagen später. So musste ich nur drei- oder viermal täglich in Windeseile Kleider wechseln, an mir herumzupfen lassen, Handschuhe, Handtaschen, Hüte suchen, um dann ganz gelassen und entspannt über den Laufsteg zu schreiten. In den Pausen zwischen den einzelnen Schauen eroberte ich New York, das immer größere Faszination auf mich ausübte.

Berlin, das war mein vertrautes Zuhause, New York, das war eine ständig neue Herausforderung. Die Stadt war überwältigend, spröde und verführerisch zugleich. Als ich nach einigen Wochen zurückreiste, stand schon fest, dass ich wiederkommen würde. Mein Typ war glücklicherweise auf beiden Seiten des Atlantiks gefragt. Diese Jahre des Pendelns zwischen den beiden Metropolen stellten mein ganzes Leben auf den Kopf.

Bald hatte ich eine neue Idee im Gepäck, die sofort das Gespür für ein gutes Geschäft bei Krafftchen reizte. Auf meinen Streifzügen durch New York hatte ich viele kleine Läden entdeckt, die ausschließlich Kleidung für junge Mädchen verkauften. Diese Teenagermode war modisch, hübsch und preiswert. So etwas gab es in Deutschland nicht. Unsere Backfische kleideten sich damals immer noch vor allem praktisch. Und wenn es Jugendmodelle gab, dann waren sie nichts anderes als eine kindlich verkleinerte Spielart der »großen« Mode, etwas altbacken, unangemessen und steif.

Viele Abende saß ich mit Krafft zusammen und fantasierte über die »Susanne Erichsen Jugendmode«, wie wir unser gemeinsames »Baby« taufen wollten. Meine Modelle sollten nicht nur gut und etwas frech aussehen, sie sollten sich auch gut tragen und den Geldbeutel nicht allzu sehr belasten. Das war leichter gesagt als getan. Die Entwürfe konnte ich liefern, um sie umzusetzen, brauchte es aber ein Atelier, einen ausgeklügelten Vertrieb und vor allem Geld. Geld, das wir allein nicht aufbringen konnten! Aber Krafft wäre nicht Krafft gewesen, wenn er nicht auch in diesem Fall einen Ausweg gefunden hätte. Meine Idee schien so erfolgversprechend, dass er schon nach wenigen Wochen zwei weitere Geldgeber gefunden hatte. Die Susanne Erichsen Teenagermodelle GmbH war geboren. Als Namensgeberin, Ideenlieferantin und Repräsentantin war ich zwar am Umsatz beteiligt, hatte jedoch keinen Einfluss auf die kaufmännische Abwicklung. Diesen Part überließ ich Krafft und seinen Geldgebern.

Wie die großen Modehäuser veranstalteten auch wir zweimal im Jahr eine Modenschau, auf der wir unsere neueste Kollektion präsentierten. Unsere Mannequins waren im Alter unserer Kundinnen, zwischen fünfzehn und zwanzig Jahre alt, und arbeiteten hauptberuflich in unserem Unternehmen, in der Schneiderei, der Buchhaltung oder dem Verkauf. Anfangs wurden wir von der gesamten Modebranche belächelt, dann kritisch beäugt und schließlich neidvoll betrachtet. Unsere Jugendmode schlug ein wie eine Bombe. Bereits nach einem Jahr hatten wir einen festen Stamm von Kundinnen, der gezielt nach unseren Modellen fragte. Später haben wir unsere Produktion auch noch um zwei Eaux de Toilette erweitert. Die Düfte »Sweet Seventeen« und »Young Lady« waren wie unsere Mode ausschließlich für junge Kundinnen gedacht. Auch damit waren wir in eine Marktlücke gestoßen.

Als gefragtes Mannequin und frisch gebackene Unternehmerin wandelte ich von Erfolg zu Erfolg. Privat sah es allerdings weniger gut aus. Trotz unseres gemeinsamen Unternehmens drifteten Krafft und ich immer weiter auseinander. Wegen meiner vielen Engagements in Amerika, Frankreich und Deutschland war ich manchmal wochenlang unterwegs. Wenn ich dann nach Hause zurückkam, hatte ich oft noch weniger Zeit als früher. Nach wie vor war ich Hausmannequin bei Gehringer & Glupp und musste die Zeit der Abwesenheit aus Berlin wieder wettmachen. Dazu die Pferde, die auch ihr Recht forderten, meine beiden Hündinnen, die Afghanen Bibi und Assi, die Freunde – für traute Zweisamkeit blieb kaum Zeit. Natürlich war diese Entschuldigung schon damals nur eine Ausrede. Hätten wir wirklich zusammen sein wollen, so hätten wir auch einen Weg gefunden. Krafftchen und ich, wir hatten uns auseinander gelebt.

Als ich mir Ende 1953 endlich dessen bewusst wurde, war ich beinahe erleichtert. Mein Leben lang habe ich Halbheiten gehasst und das Dahinplätschern unserer ehemals so intensiven Beziehung war weniger erträglich als eine klare Trennung. In langen Gesprächen regelten Krafft und ich schließlich unsere private und geschäftliche Verbandelung. Während dieser Treffen war unser Umgang viel entspannter als in den Monaten davor. Auch Krafft war irgendwie erleichtert. Eine Liebe war vergangen, aber die Freundschaft blieb bestehen. Privat wollte ich eine strikte Trennung, geschäftlich blieben wir dagegen durch die Susanne Erichsen Teenagermode GmbH weiterhin verbunden.

Schon bald hatte ich eine Wohnung für mich und die Hunde gefunden. Sie lag im Dachgeschoss eines kleinen Reihenhauses in Zehlendorf-West, in einer der schönsten Wohngegenden Berlins. Wieder einmal hatte mir der Zufall geholfen. Zu dieser Zeit war ich mit Gisela Dege, der Primaballerina der Deutschen Oper, gut bekannt. Als sie mir erzählte, sie habe vor, ihre kleine Dachwohnung in der Limastraße zu verlassen, glaubte ich, meinen Ohren nicht zu trauen. Nach der ersten Besichtigung war ich regelrecht verliebt in diese attraktive Mansarde mit einem kleinen Wohnzimmer, einem sehr kleinen Schlafzimmer, einer Puppenküche und einem winzigen Bad mit einer richtigen Badewanne. Natürlich hatten alle Räume schräge Wände und jede Menge Winkel und Nischen. Der Blick vom Wohnzimmer ging auf den kleinen Waldsee und in die Baumwipfel. Nach dem Krieg hatte ein Filmproduzent diese romantische Wohnung ausgebaut, sie hatte sogar einen gut funktionierenden Kamin.

Und noch etwas Wunderbares habe ich zugleich mit der Wohnung übernommen: die liebe, ältere Haushälterin Pauline, eine zierliche Person, die durch ihre Arbeit für eine Primaballerina seit langem bestens an das »Diätkochen« gewöhnt war. Sie wohnte in einem angemieteten Zimmer im selben Haus und das schon seit Jahren. Entgegen allen Befürchtungen empfand Pauline den Mieterwechsel als großes Glück, was weniger an mir als an Bibi und Assi lag.

Diese beiden waren für die nächsten sieben Jahre ihre ganze Freude. Bei Wind und Wetter lief sie mit ihnen täglich um den Schlachtensee. Sie achtete auf die richtige

Ernährung, hegte und pflegte sie, als wären sie ihre Kinder. Wenn ich aus New York hin und wieder für mehrere Wochen, manchmal Monate zu Hause »auf Besuch« war, bekam ich jedes Mal Ratschläge für meine Spaziergänge mit den Hunden.

Pauline kochte auch für mich gesund und gut. Sie war eine liebevolle, ehrliche Person, immer zur Stelle, wenn ich sie brauchte: ein wahrer Schatz! Morgens um sechs Uhr ging sie in die Bäckerei am Hagenplatz, um die ersten, noch warmen Schrippen zu holen – wenn ich diese angesichts meines Diätplans einmal genießen durfte. Jederzeit konnte ich sie von unterwegs aus anrufen und mit der »Drohung« überfallen: »Paulinchen, heute Abend bringe ich vier Freunde mit!« – dann stand eine duftende Suppe auf dem Tisch, dazu Häppchen und Nachtisch, liebevoll angerichtet. Pauline war eine große Opernliebhaberin, die mir die Schwierigkeitsgrade des klassischen Gesanges bis zum hohen C erklären konnte. In ihrer Jugend hatte sie mehrere Jahre eine berühmte Kammersängerin in Wien versorgt. Als Pauline sich alt fühlte, zog sie in ein katholisches Hospiz in Lichterfelde, wo ich sie noch häufig besuchen konnte, bevor sie hochbetagt verstarb.

In der ersten Zeit meiner Trennung von Krafft hatte ich große Angst vor dem Alleinsein. In den drei Jahren unseres Zusammenlebens hatte ich mich daran gewöhnt, dass zu Hause ein Mann um mich herum war, der mit mir redete und mich bei meinen geschäftlichen Belangen unterstützte. In Deutschland hatte ich ja im Gegensatz zu Amerika keine Agentur und musste alle Termine selbst koordinieren. Dazu kamen die Reisen für unsere Teenagermoden. Bei den großen Kaufwochen in Berlin oder Düsseldorf trat ich zumeist als Mannequin für die großen Modehäuser und als Repräsentantin meiner eigenen Firma auf. Doch ich merkte schnell, dass es auch ohne Krafftchen ging. Ich hatte eine gemütliche Wohnung, Pauline, die mich umsorgte, und genügend Freunde, die mich unterstützten. Ich fing sogar an, meine Unabhängigkeit zu genießen, zumal mich die Modewelt mehr und mehr forderte.

Die Engagements in Amerika wurden immer zahlreicher. Wie in Europa fanden auch in New York im Frühjahr und Herbst die Präsentationen fast aller großen Konfektionsfirmen statt. Dann lüftete die Branche während einer Woche, der *out of town press week* der Modeleute, in einem der mondänen New Yorker Hotels ihr Geheimnis und zeigte in täglichen Modenschauen die wichtigsten Teile ihrer neuen Kollektionen. Eine wahrhaft turbulente Zeit! Vor der gesamten amerikanischen Presse reihte sich eine Schau an die andere. Jede Firma hatte gerade einmal eine halbe Stunde Präsentationszeit, die von allen Beteiligten höchste Perfektion abverlangte. Diese dreißig Minuten entschieden nicht selten über die Verkaufszahlen der Modehäuser in der kommenden Saison.

Allein für die Vorbereitungen hinter der Bühne brauchte man bereits einen Ballsaal mittlerer Größe. Die Mannequins der verschiedenen Unternehmen wurden von eifrigen Helfern durch das Gewirr von Konfektionsständern und Utensilienkoffern dirigiert. Alles unterlag jedoch einer strengen Ordnung und einem genauen Zeitplan, die von Eleanor Lambert überwacht wurden. Diese große alte Dame hatte schon in den vierziger Jahren die ersten Modewochen ins Leben gerufen. Für viele Jahrzehnte war sie die einflussreichste Persönlichkeit der amerikanischen Modewelt. Sie hatte sich aus sehr einfachen Verhältnissen in die

Welt des Glamour und des Geldes hochgearbeitet. So hart wie gegen sich selbst war sie auch anderen gegenüber. Sie entschied, wer, vom Designer bis zum Mannequin, an der *out of town press week* der Mode teilnehmen durfte. Ich zählte zu den wenigen, die immer wieder von ihr für alle wichtigen Schauen gebucht wurden, obwohl mein Einstand nicht unbedingt vielversprechend gewesen war.

Das war im Frühjahr 1954. Ich wusste die Ehre zu schätzen, zum ersten Mal dabei zu sein, und war entsprechend aufgeregt. Der riesige Ballsaal war gefüllt mit Menschen, die an eng stehenden kleinen, runden Tischen saßen. Sie reichten bis an den Laufsteg, der sich durch den ganzen Saal erstreckte. Wir Mannequins mussten am Ende des Laufstegs eine kleine Drehung vollziehen, um zur Bühne zurückkehren zu können. Im Vergleich erschien mir meine Vorführkollektion ziemlich umfangreich, vielleicht war sie aber auch nur komplizierter, weil ich ausnahmslos »anspruchsvolle« Stücke zeigen musste. Damals tendierte die Mode zu besonders engen, geradezu auf Figur genähten »Futteralkleidern«. Vor allem die Abendkleider hatten »Bleistiftsilhouetten«, die zwar wunderbar aussahen, in die aber schwer hineinzukommen war und in denen man sich nicht besonders gut bewegen konnte.

Gegen Ende der Woche hatte ich einen Auftritt in einem todschicken goldfarbenen Duchessekleid; lang und ganz eng nur mit einem kurzen Schlitz an der hinteren Rockseite. Schon bei meinem Auftritt auf der Bühne erntete ich großen Applaus. Die vor einem Mikrofon stehende Eleanor musterte mich zufrieden und ich ging langsamen Schrittes den Laufsteg hinunter. Rechts und links blickte ich in anerkennende Gesichter der Pressevertreter – ein gutes Zeichen. Ich fühlte mich einfach super. Als ich zur Abschlusskante des Laufstegs kam, machte ich, wie geplant, eine Drehung, eine ganz kleine, denn viel Platz ließ mir der enge Rock nicht. Dabei trat mein hoher Absatz an der Kante ins »Leere« und rutschte ab. Es ging alles sehr schnell: Während ich meinen linken Arm hochriss, um mein Gesicht zu schützen, krallte sich meine rechte Hand in die Bespannung des Laufstegs. Wie durch ein Wunder landete ich zwar unsanft, aber immerhin ohne großen Schaden auf dem Boden direkt zwischen der ersten Tischreihe und der hohen Plattform des Steges.

Für einen Augenblick war es mucksmäuschenstill im Saal. Um mich herum nur entsetzte Gesichter. Leute sprangen auf, um mir zu helfen, doch ich war schneller. Im Nu stand ich wieder auf den Beinen. »Das ist das Ende!«, schoss es mir durch den Kopf. »Nie wieder wirst du irgendein Engagement bekommen!« Am liebsten hätte ich mich in Luft aufgelöst. Stattdessen lächelte ich in die Runde, strich Kleid und Haare glatt und überlegte fieberhaft, wie ich der peinlichen Situation entrinnen konnte. Vom Ausgang war ich viel zu weit entfernt. Er lag am Ende des Saals und den Spießrutenlauf zwischen den Tischen wollte ich vermeiden. Also zurück auf den Laufsteg! Ich schob mein knallenges Kleid bis über die Knie – es war nicht aufgeplatzt, nur am Schlitz ein wenig ausgerissen –, stützte mich auf die Laufstegplatte und stemmte mich mühsam hoch. Langsam richtete ich mich auf, zog mein Kleid wieder nach unten und schritt elegant und ruhig zum Ausgang zurück. Das Publikum, das meine kleine Extraeinlage stumm verfolgt hatte, brach in erleichterten Beifall aus und Eleanor Lambert lächelte mir aufmunternd zu. Mein Auftritt war gerettet.

Meine Agentur konnte die vielen Termine kaum in den wenigen Wochen unterbringen, die mir jeweils per Visum zugebilligt wurden. Irgendwann im Sommer 1954 überlegte ich daher, ob ich nicht dauerhaft in New York bleiben sollte. Seit meiner Trennung von Krafft hatte ich in Berlin keine feste Beziehung mehr gehabt. Nichts hielt mich dort. In New York hingegen umgab mich der Glamour des deutschen Fräuleinwunders. Mode war der Mittelpunkt meines Lebens. Alles, was außerhalb der Salons und des Laufstegs passierte, nahm ich kaum wahr.

Dass mein Peiniger in den russischen Lagern Josef Stalin im März 1953 gestorben war, hatte ich noch mit einer gewissen Genugtuung registriert. Auch Tyrannen waren sterblich. Doch der Volksaufstand am 17. Juni in Berlin, die Kriege in Korea und Algerien, das allgemeine Wettrüsten, Ereignisse, die die Menschen beschäftigten, ja ängstigten, zogen wie im Film an mir vorbei. Wirklich wichtig war für mich immer nur die nächste Schau, das nächste Engagement und New York, das ich noch besser kennen lernen wollte.

So machte ich mich auf die Suche nach einem Bürgen, der mir zu einem dauerhaften Aufenthalt in den USA als *permanent resident* verhelfen sollte. Ein wohlhabender New Yorker Anwalt erklärte sich schließlich dazu bereit. Anfang 1955 war es dann so weit. Meine Wohnung in Zehlendorf behielt ich, denn ich plante in regelmäßigen Abständen zurückzukommen, um meinen Berliner Verpflichtungen auch weiterhin nachzukommen. Bibi und Assi waren bei Pauline bestens versorgt, meine beiden Pferde musste ich allerdings schweren Herzens verkaufen. Alles war vorbereitet, die Aufnahmeprüfung zum dauerhaften Aufenthalt in den USA hatte ich bestanden, die Fragen zur Kultur und Geschichte in fließendem Englisch beantwortet. Ich hatte es geschafft, das Land der unbegrenzten Möglichkeiten stand mir nun offen.

Nach langem Suchen hatte ich in der 72nd Street, zwischen Central Park und Lexington, eine winzige Wohnung gefunden – mit Wohnzimmer, Schlafzimmer, Bad und kleiner Küche. Ich war glücklich, in einer guten Gegend zu leben, denn ich wusste, wie wichtig es für den Job war, eine klingende Adresse zu haben. Ursprünglich war die Upper West Side ein Arbeiterviertel. Gegen Ende des 19. Jahrhunderts wurde sie von der wohlhabenden Mittelschicht entdeckt. Das spektakuläre Ansonia Hotel wurde erbaut, dann kamen kleine Restaurants, schöne Läden und Apartmenthäuser hinzu. Mit der Beschaulichkeit von Zehlendorf hatte meine neue Heimat nichts gemein, aber ich liebte sie genauso. Für mein leibliches Wohl hatte ich eine sehr patente Haushälterin gefunden: Mariechen aus Lübeck, die mit ihrem Mann und ihrer Schwester außerhalb von New York lebte. Mindestens zweimal in der Woche kam sie zu mir, putzte meine Wohnung, kaufte ein und kochte mir große Töpfe mit Gemüsesuppe.

Das erste Jahr in New York war das härteste in meiner Laufbahn. Gerade am Anfang war der Konkurrenzdruck wahnsinnig groß. Alle Mannequins waren hübsch, alle waren ehrgeizig. Und ich hatte mir geschworen, in kürzester Zeit an die Spitze vorzudringen. Das bedeutete Arbeit, Arbeit und nochmals Arbeit. Jeden Abend bereitete ich mich generalstabsmäßig auf den kommenden Tag vor. Wie viele Termine habe ich? Wann muss ich aufstehen? Was soll ich am besten anziehen? Was muss ich in meiner großen Modeltasche mitnehmen? Hatte ich um 9.00 Uhr meinen ersten Job, dann musste ich um 6.30 Uhr aufstehen. Als eingefleischter Morgenmuffel brauchte ich viel Zeit, um wach zu werden. Nach dem Weckerklingeln griff ich als Erstes nach meinen »Pillen«, die inzwischen zu meiner Grundausrüstung gehörten. Ohne sie ging gar nichts. Eine Sorte hielt mich schlank, denn Hunger verspürte ich damit so gut wie nie und essen konnte ich, wenn überhaupt, nur winzige Portionen. Eine andere hielt mich wach, jahrelang schlief ich keine Nacht länger als vier, fünf Stunden und konnte die Hetze des Tages dennoch gut überstehen. Wiederum andere Pillen ließen mich trotz aller physischen und psychischen Anstrengungen gelassen und gut aussehen, mitunter sogar strahlen. Heute würde man sicher von Drogen oder Dopingmitteln sprechen. Damals habe ich mir allerdings keine Gedanken um meine Gesundheit gemacht.

Der schlimmste Albtraum war für mich, nicht rechtzeitig zu einem Job zu kommen, und so wurde jeden Morgen die Jagd nach einem Taxi zur größten Nervenbelastung. Ohne Taxi ging gar nichts. In hohen Pumps, geschminkt und mit einem Tuch über den noch eingerollten Haaren stürzte ich meist aus dem Haus, auf der Suche nach dem Cop an der Ecke, meinem Retter in der Not, der mir immer bereitwillig ein Taxi herbeipfiff. War er einmal nicht zur Stelle, erfasste mich sofort Panik. In der 7th Avenue war das Zentrum der New Yorker Couture, der Hauptumschlagsplatz für die gesamte Bekleidungsindustrie der USA. Innerhalb nur weniger Häuserblocks befanden sich hier Hunderte von Konfektionsfirmen.

In einer der ersten Wochen meiner New Yorker Zeit hatte ich eine besonders wichtige Galashow im Waldorf Astoria. Diana Vreeland, die damalige Chefredakteurin von

Harper's Bazaar, war unter den geladenen Gästen und sollte in der ersten Reihe sitzen. Sie galt als die Modepäpstin schlechthin. Eine wohlwollende Erwähnung von ihr konnte viele Türen öffnen. Trotz starker Schlaftabletten war die Nacht vor der Show sehr unruhig gewesen. Unzählige Male war ich aufgestanden und in der Wohnung umhergewandert. Ebenso oft hatte ich meine riesige Modeltasche ausgekippt, den Inhalt genau geprüft und wieder eingepackt. Und stets kam etwas Neues hinzu, ein zweites Make-up, andere Lippenstifte, Haarteile, Bürsten, trägerlose BHs und schließlich ein Paar helle Pumps zu den obligatorischen dunklen. Vielleicht würde ja die Vorführkollektion noch im letzten Moment umgestellt!

Unausgeschlafen und nervös machte ich mir morgens wie immer meinen Nescafé. Die vier überlebenswichtigen Pillen waren schon längst geschluckt. Dann ging es unter die Dusche und vor den Spiegel. Für das professionelle Make-up brauchte ich an diesem Tag besonders viel Zeit. Während ich sonst häufig nur die Grundlagen auftrug und an Ort und Stelle die Feinarbeit vornahm, sollte bis hin zu den falschen Wimpern alles perfekt sitzen. Danach stürzte ich mich in die Kleider, viel Zeit blieb mir nicht mehr, ein letzter prüfender Blick in den Spiegel. Das Kopftuch über die Haare, die Sonnenbrille vor die falschen Wimpern und raus auf die Straße! Kaum hatte mich mein Cop gesehen, kam auch schon ein Taxi heran.

Der dicke, gemütliche Taxifahrer fuhr fantastisch: *He made the lights*, das heißt, er fuhr immer dort, wo es eine grüne Ampel gab, selbst wenn er dadurch kleine Umwege in Kauf nehmen musste. Wir kamen gut voran. Trotzdem war ich schrecklich nervös und rauchte eine Zigarette nach der anderen. Da drehte sich der Taxifahrer zu mir um. »Sie sind Model, stimmt's?« Er reichte mir einen Apfel. »Nehmen Sie ihn ruhig. *An apple a day, keeps the doctor away!* – Meine Nichte war auch eine von euch. Hat sich zu Tode gehungert. Sehr schlimm war das. Regen Sie sich nicht auf über die Schau. Im Leben ist nichts so wichtig wie die eigene Gesundheit.«

Aber meine Nerven lagen blank, seine Ratschläge erreichten mich nicht. Ich war froh, rechtzeitig am Waldorf Astoria zu sein. Die Fassade und der Eingang des achtzehn Stockwerke hohen Gebäudes wirkten monumental. Gedankenverloren kramte ich in meiner Modeltasche nach meiner kleinen Handtasche mit meinem Portemonnaie. Doch meine Hand griff ins Leere. Mir wurde ganz heiß. Was sollte ich tun? Zurück nach Hause war ausgeschlossen, die Zeit war zu knapp. Den livrierten Türsteher anpumpen? Er wirkte beinahe ebenso beeindruckend wie das Hotel, vor dem er stand. Glücklicherweise erkannte der Taxifahrer meine Notlage sofort. »Hey, lady«, er tätschelte mir beruhigend den Arm. »Kein Problem. Sagen Sie mir, wo Sie wohnen, und ich hole mir das Geld später ab.« In meiner Erleichterung habe ich ihm einen fetten, roten Lippenstiftkuss auf die Wange gedrückt.

Dann stürzte ich in dieses wunderbare Hotel. Auf meinem Kleiderständer warteten keine weiteren Überraschungen auf mich und auch das Umziehen klappte reibungslos. Die Show wurde ein voller Erfolg. Am Ende der Präsentation ließ es sich Diana Vreeland nicht nehmen, mich in der Garderobe zu besuchen. Sie unterhielt sich mit mir über meine Vergangenheit, meine Pläne und gab mir sogar ein paar Tipps, wie ich meine Vorführtechnik noch verbessern könnte. Ich war erschöpft und zugleich ziemlich erleichtert.

Selbst nach einer Galashow, die in New York nie länger als ein bis zwei Stunden dauerte, ging der Arbeitstag ganz normal weiter. Meine Utensilien verschwanden wieder in der schwarzen Tasche und die schweißigen Haare unter dem Kopftuch. Wenn ich Glück hatte, blieb mir zwischen den Terminen eine halbstündige Pause, die ich dann in einem der vielen Coffeeshops verbrachte. Richtig entspannen konnte ich allerdings nur selten. Mit meinen Gedanken war ich immer schon wieder beim nächsten Job. Bis zum Abend gab es meistens noch fünf bis sechs Präsentationen oder Anproben. Auch wenn die einzelnen Termine oft nur wenige Blocks voneinander entfernt lagen, musste ich mir immer wieder ein Taxi organisieren, denn zu Fuß waren die Wege nicht zu bewältigen, schon gar nicht in Pumps mit hohen Absätzen und der großen Tasche.

Gegen 17 Uhr erfolgte der tägliche Anruf bei meiner Agentur, um die Termine für den folgenden Tag zu erfahren. Diese Pflichtanrufe erledigte ich wieder in einem Coffeeshop bei einem schnellen Kaffee und einem Doughnut, oft das einzig Essbare, was ich während eines Arbeitstages zu mir nahm.

Wenn ich mich dann in der Dämmerung inmitten des brausenden Verkehrs und der funkelnden Leuchtreklamen auf den Heimweg machte, war ich nur von dem Gedanken beseelt, endlich die Kleider und vor allen Dingen die hohen Pumps abzustreifen, unter die Dusche zu springen und den Abend mit einem doppelten Scotch on the Rocks einzuläuten.

Häufig war ich zu einem guten Essen in einem der hervorragenden Restaurants eingeladen. Doch leider taten auch hier die Appetitzügler ihre Wirkung. Mehr als vier, fünf Happen konnte ich kaum vertragen. Es war eine völlig verrückte Situation. Ich hatte wirklich Lust zu essen, mit den Augen verschlang ich das Menü, doch mein Magen weigerte sich, es aufzunehmen.

Am liebsten aber verbrachte ich den »Feierabend« allein in meinem kleinen Apartment, wo ich stundenlang Musik hörte. Ich hatte eine große Schallplattensammlung, denn meine Musikgelüste wechselten häufig: Mal hatte ich Lust auf italienische Schnulzen, dann wieder auf alte russische Lieder oder auf Flamenco. Nach der Hektik des Tages brauchte ich viele Stunden und viel Whiskey, um meinen hochtourig laufenden Körper wieder auf Entspannung zurückzubringen. Weit nach Mitternacht ging ich dann ins Bett. Schlaf fand ich nur mit Schlaftabletten. So ging es oft wochenlang, bis ich dann irgendwann vollkommen zusammenbrach und ganze Wochenenden durchschlief.

Manchmal suchte ich aber auch am Feierabend noch nach neuen Herausforderungen. New York war und ist bekannt für seine Wohltätigkeitsveranstaltungen. Dazu zählten auch außergewöhnlich noble Bälle wie der Osterball der Tolstoj Foundation. Diese Benefizgala, auch »Bal blanc« genannt, war damals ein großes gesellschaftliches Ereignis. An meine erste im April 1955 erinnere ich mich noch besonders gut, weil sie zugleich mein Debüt auf New Yorks gesellschaftlichem Parkett war.

Die Tolstoj Foundation hatte damals in den Ballsaal des Ambassador Hotels geladen. Als Höhepunkt des Abends sollten sechs Paare aus der so genannten feinen Gesellschaft eine Polonaise von Chopin tanzen. Der Choreograf war kein Geringerer als der berühmte Ballettmeister Balanchine, der es sich nicht hatte nehmen lassen, die ausgewählten Paare, allesamt absolute Laien, in die Kunst des Tanzens einzuführen. Einer meiner russischen Freunde hatte mich als eine der Tänzerinnen vorgeschlagen. Ich war ein »neues Gesicht«, das der kritischen Prüfung des Veranstaltungskomitees standhielt. Mein Partner war ein russischer Emigrant: Fürst Sergej Obolenski, Vorstandsmitglied der Foundation und eine bekannte Persönlichkeit in New Yorker Gesellschaftskreisen. Balanchine setzte mehrere Probentermine an. Wir Tänzer nahmen unsere Aufgabe sehr ernst und fühlten uns schon bald wie Mitglieder des Opernballetts. Zu meinem Glück hatte Hans Gehringer mir zum Abschied aus Berlin das wunderschöne weiße Abendkleid aus Organza und Duchesse vermacht, mit dem ich schon in Atlantic City Aufsehen erregt hatte. Ich wusste, ich würde an diesem Abend gut aussehen und das beruhigte mich kolossal.

Dem Motto des Balles entsprechend waren alle Damen in Weiß gehüllt, trugen lange Handschuhe und alles, was dazugehört. Pünktlich erschien ich an der Tür, wo wir Tänzer uns vor dem Auftritt versammeln sollten. Nach und nach trafen alle ein, bis auf Fürst Obolenski. Ich wartete. Obolenski hatte mit einer kleinen Ansprache den Ball eröffnet. Danach hatte er mich kurz begrüßt und war im Gewühl verschwunden. Als die Polonaise bereits ertönte, wartete ich immer noch auf ihn. Nacheinander schritten die Paare, so wie wir es einstudiert hatten, in den Saal. In allerletzter Sekunde – das vorletzte Paar hatte soeben strahlend den Saal betreten – stand wie herbeigezaubert ein gut aussehender, großer Herr an meiner Seite, reichte mir seinen Arm und wir schritten als Letzte in den Saal. Mein Retter, Sascha Nasarenkow, war ein guter Freund aus der russischen Emigrantenclique. Er hatte irgendwo in der Nähe gesessen und das sich anbahnende Unglück beobachtet. Wie selbstverständlich war er eingesprungen.

Obolenski ist mir während des ganzen Abends nicht mehr über den Weg gelaufen. Als Entschuldigung erhielt ich am nächsten Tag ein großes Blumenbouquet, allerdings ohne eine Erklärung für den peinlichen Vorfall. Aus meinem Freundeskreis kam mir zu Ohren, er habe den Ball in Begleitung der Miss Griechenland besucht, die mir gänzlich unbekannt war. Sie soll ihm gedroht haben, einen Skandal zu provozieren, falls er an der Vorführung teilnehmen würde. Also hatte er darauf verzichtet.

Zu den ersten Anschaffungen, die ich in New York tätigte, gehörte ein Fernseher. In Deutschland waren diese Geräte Mitte der fünfziger Jahre eigentlich noch eine Seltenheit, in Amerika dagegen eine Selbstverständlichkeit. Das neue Medium faszinierte mich. Ich liebte vor allem die Filme aus den dreißiger und vierziger Jahren, die ich nun zuhauf sehen konnte. Die neueren Produktionen, besonders die beliebten Familienserien, vermittelten den Eindruck einer heilen, intakten Welt, was allerdings nicht der Realität entsprach. Nach 1955 wurde immer deutlicher, dass es in der amerikanischen Gesellschaft einen Bruch gab, einen Bruch zwischen Alt und Jung.

Die Jugend rebellierte, was sich zunächst in der Musik von Elvis Presley, Little Richard oder Chuck Berry äußerte, aber schon bald auch auf den Bereich der Mode übergriff. Rock 'n' Roll war für viele bald gleich bedeutend mit der Auflehnung gegen das Althergebrachte. Er hatte den Ruch des Verbotenen, des Wilden. Er provozierte. Stars wie Presley rüttelten an den Konventionen, auch in der Art, wie sie sich kleideten. Und die Helden der Leinwand, allen voran James Dean, taten das Ihre dazu. Er war der Prototyp des junge Rebellen. Sanft und trotzig zugleich kämpfte er gegen die vermeintlich heuchlerische Moral der bürgerlichen Gesellschaft. Dean trug hautenge Jeans, T-Shirts oder Hemden mit aufgekrempelten Armen und kreierte eine neue Mode, die mit der meinen nicht das Geringste gemein hatte.

Auch die weiblichen Stars unterschieden sich erheblich von ihren Vorgängerinnen früherer Jahre oder von uns Mannequins und Fotomodels. Marilyn Monroe, Sophia Loren oder Brigitte Bardot wurden zu Idolen der westlichen Welt. Sie waren anders als wir, weniger elegant, dafür offensiver erotisch. Ihre üppigen Kurven präsentierten sie in engen einfachen Kleidern, Pullovern und den unvermeidlichen Jeans oder Capri-Hosen. Langsam, zunächst kaum merklich, rückte der Glamour der Haute Couture aus dem Mittelpunkt des allgemeinen Interesses. Junge Mädchen und Frauen strebten immer weniger dem Bild der eleganten Dame nach. Sie wollten jung sein und verwegen. Sie definierten sich nicht aus der Bewunderung eines Gentleman, die Orientierung an den oberen Zehntausend verlor an Bedeutung. Gesellschaftlich tief verankerte Werte lösten sich auf oder kehrten sich um.

Zunächst jedoch reagierte die Modewelt kaum auf diesen Trend. Ihre Klientel, die Frauen, die bereitwillig viel Geld für wunderschöne Kleider ausgaben, unterwarf sich gern dem Diktat der Mode, das von den Modejournalen, den so genannten Lifestyle-Magazinen, präsentiert wurde. Jahr für Jahr bin ich zu Modeaufnahmen nach Paris gefahren. Ich liebte die Arbeit als Fotomodel. Sie war nicht nur besser bezahlt, sondern auch stärker anerkannt. Die Modefotografen waren wirkliche Künstler, die alles von uns forderten, uns selbst zum Kunstwerk machten. Stundenlang bei eisiger Kälte in dünnen Sommerkleidern zu posieren, zählt nicht unbedingt zu den Annehmlichkeiten des Lebens. Doch die Atmosphäre der Zusammenarbeit war meist so intensiv, dass ich die Anstrengung kaum spürte. Und die Ergebnisse sprachen für sich: Sie waren Ausdruck hoher Lebenskultur.

Nach Abschluss der Fotoaufnahmen blieb ich oft noch ein paar Wochen in Europa, um meinen Berliner Verpflichtungen nachzukommen, meine Eltern zu besuchen oder um mir einfach wieder einmal heimatliche Luft um die Nase wehen zu lassen. Im Vergleich zu New York war die Arbeit in Berlin der reinste Erholungsurlaub. Doch so sehr ich meine Freunde, die Wohnung in Zehlendorf, die Hunde auch genoss, lange hat es mich nie gehalten. Ständig war ich auf der Suche nach Neuem, so dass ich immer wieder aufgebrochen bin zu kurzen, mitunter nicht ganz ungefährlichen Unternehmungen. Mein Durst nach Abenteuern war einfach unersättlich.

Von einigen dieser Reisen kam ich mit ziemlichen Blessuren zurück. Einmal, beim Lachsfischen in Irland 1956, hatte ich mir schwungvoll den Haken der Angelschnur in das linke Augenlid geschlagen. Das Auge blieb gottlob unverletzt, die Wunde blutete nur sehr heftig und für einige Zeit konnte ich mich nicht schminken, was meine Auftraggeber nicht besonders freute.

Im Jahr darauf bin ich während der Anproben bei Gehringer & Glupp kurz vor der Premiere für eine Woche nach Griechenland verschwunden, um meiner Begeisterung für Autorennen zu frönen. Mit einem griechischen Bekannten bin ich die Rallye Akropolis gefahren, von Triest nach Athen in vier Tagen und Nächten. Es war unglaublich aufregend! Das Ziel erreicht haben wir leider nicht, weil wir am dritten Tag einen schweren Unfall hatten. Der Wagen war Schrott und mein rechtes Handgelenk gebrochen – und natürlich tobte Hans Gehringer. Die Arbeit von Wochen schien gefährdet. Doch mit Hilfe von Schals und lässig drapierten Jacken gelang es mir, die Gipsmanschette am Arm während der Premiere so geschickt zu verstecken, dass selbst Kenner die kleine Verschleierung für ein gewolltes Stilmittel hielten.

Je mehr sich das Jahrzehnt dem Ende zuneigte, umso schwerer viel es mir, dem Tempo meines Berufes standzuhalten. Zehn Jahre als Topp-Mannequin in New York, Paris und Deutschland, die viele Fliegerei und immer wieder Fototermine in aller Welt, dazu das permanente Hungern, die Tabletten und der Alkohol, diese ungesunde Lebensführung blieb nicht ohne Folgen. Anfang der sechziger Jahre habe ich gemerkt, dass ich mich überfordert hatte. Angesehen hat man mir nichts. Der Raubbau, den ich mit meinem Körper trieb, hatte keine äußeren Spuren hinterlassen. Doch immer häufiger fühlte ich mich schwindelig, torkelte, obwohl ich keinen Tropfen getrunken hatte. Und 1962 war ich so weit: Ich wollte nicht mehr hetzen müssen. Ich wollte endlich wieder ausschlafen, ein gemütliches Zuhause haben, essen können, wonach mir der Sinn stand. Ich wollte das glatte Gegenteil von dem, was ich zwölf Jahre lang eifrig praktiziert hatte. Diese Idee setzte sich in meinem Kopf fest.

In dieser Zeit lernte ich bei guten Freunden in New York einen sehr charmanten Bulgaren kennen. Dimitroff, ich nannte ihn immer nur bei seinem Nachnamen, hatte mit meiner Branche überhaupt nichts zu tun. Er war Chemiker und kannte die Modewelt nur aus den Zeitungen. Er war seit langem der erste Mann, der wirklich an mir interessiert zu sein schien, und wollte darüber hinaus wie ich sein Leben ändern. Was lag also näher, als sich zu verlieben und schließlich zu heiraten.

Da hatten wir also unser neues Leben. Nur ahnten wir beide nicht, wie weit unsere Vorstellungen auseinander klafften. Ich freute mich auf ein gemütliches Dasein als Ehefrau, auf ein normales Leben eben, so wie es Millionen anderer Frauen auf der ganzen Welt führten. Als Erstes kaufte ich im Sommer 1962 eine neue Wohnung in New York und richtete sie mit wunderschönen antiken Möbeln ein. Die Hochzeitsfeier inklusive Brautstrauß hatte ich sowieso schon bezahlt, ebenso den neuen flotten Wagen. Ich kaufte jede Menge Kochbücher, las sie mit wahrer Inbrunst und stürzte mich ins Hausfrauendasein. Einkaufen, kochen, putzen und waschen, all diese »wunderbaren« Tätigkeiten eroberte ich mir Stück für Stück und war eine Zeit lang tatsächlich glücklich. An den Abenden kuschelte ich mich in mein bequemes Sofa, las, hörte meine geliebten Schallplatten und wartete auf meinen frisch gebackenen Ehemann, der allerdings immer später nach Hause kam.

Dimitroff hatte sich unter dem Leben mit mir leider etwas vollkommen anderes vorgestellt. Ihn hatte wohl die Idee fasziniert, mit einem Topp-Model verheiratet zu sein. Er träumte von einem luxuriösen Leben, von mondänen Partys, Theaterbesuchen, von Geld und schnellen Autos. Je mehr ich nach Ruhe verlangte, umso heftiger drängte es ihn aus dem Haus.

Als die erste Verliebtheit verflogen war und mein Körper sich von dem Tabletten- und Alkoholmissbrauch ein wenig erholt hatte, folgte sehr bald die große Ernüchterung. Ich erkannte, dass ich in unserem neuen Leben eigentlich immer nur bezahlt hatte, sowohl mit Gefühlen als auch in barer Münze. Nach zwei mehr oder weniger turbulenten Jahren war alles aufgebraucht, das Gefühl und mein Kapital. Wir hatten uns nichts mehr zu sagen und lebten nebeneinander her. Als ich mich weigerte, seinen aufwändigen Lebensstil noch weiter zu finanzieren, wurden die Streitereien immer unerträglicher.

Von neuem musste ich mein Leben ändern. Doch wie und wo sollte ich meinen neuen Lebensmittelpunkt finden? Amerika konnte mir mit seinem Jugendwahn keine Zukunft mehr bieten. Ich näherte mich langsam der magischen Vierzig, in jenen Tagen ein geradezu biblisches Alter für ein Mannequin. Zudem hatte ich zu lange dort nicht gearbeitet, andere waren nachgerückt und nur wenige vermissten mich.

Als meine Mutter 1964 schwer erkrankte und bald darauf starb, fuhr ich für mehrere Monate nach Deutschland. Dort fand ich genügend Zeit, gründlich über meine Zukunft nachzudenken. Ich stand vor einem Scherbenhaufen. Mein Traum von einer besinnlichen Zukunft war zerplatzt und meine Mutter, mit der ich eigentlich noch so viel hätte bereden wollen, war ganz still und leise gegangen. Ich versank in hilflose Trauer, die mit einer gehörigen Portion Selbstmitleid gepaart war. Ein Gedanke jedoch hielt mich in meinem Gefühlswirrwarr aufrecht: Ich wollte nach Berlin zurückkehren. Berlin war meine Heimat. Dort gab es noch einige Menschen, denen ich mich verbunden fühlte. Dort gab es Vertrautheit und Heimatgefühl. So flog ich nach New York mit dem festen Willen, meine Dinge zu ordnen und Amerika endgültig den Rücken zu kehren. So schnell, wie ich es mir gewünscht hatte, ging es allerdings nicht. Dimitroff wollte Geld und mochte nicht einsehen, dass gerade durch ihn von meinem Vermögen fast nichts mehr übrig geblieben war. Tatsächlich hatte ich beinahe alles, was ich mir während meiner Karriere als Mannequin erarbeitet hatte, in meinen Traum vom häuslichen Glück investiert. Und nun sollte ich das Wenige, das mir geblieben war, teilen, um aus der ruinösen Ehe loszukommen.

Nach endlosen Auseinandersetzungen, einem regen Briefverkehr zwischen unseren Anwälten und einigen Gerichtsterminen hielt ich das ersehnte Scheidungsurteil in Händen und konnte endlich meinen Flug nach Berlin buchen.

Das Abschiedsgeschenk meines nun geschiedenen Mannes war eines der besonderen Art. Als ich am Tag vor meinem Rückflug einer guten Freundin mein Auto zum Verkauf übergeben wollte, war der Wagen nicht mehr auffindbar. Dimitroff hatte ihn, wie sich später herausstellte, »entführt«. Er hatte ihn ein paar Blocks weiter in irgendeiner Seitenstraße geparkt und sich ihn mit diesem simplen Trick ergaunert. Ich hatte nicht die Kraft und auch nicht die Zeit, mich zu wehren. So bin ich also mit unerfüllten Hoffnungen und schlechten Erinnerungen aus unserem gemeinsamen Leben gegangen, von dem mir vor allem der Nachname Dimitroff geblieben ist.

Zurück in Deutschland bestanden die Behörden bei meiner Anmeldung darauf, dass mein rechtmäßiger Name Dimitroff sei. Den Namen Erichsen hatten sie nicht mehr registriert. Mit Verträgen, Zeitungsausschnitten und Fotos als Beleg über meine Vergangenheit suchte ich erneut die Meldestelle auf, doch die Beamten ließen sich nicht erweichen. Meine Ehe mit Sven Erichsen war annulliert und der Name bürokratisch nicht mehr existent. Schließlich einigten wir uns auf einen Doppelnamen. Erichsen wurde als Künstlername in meine Papiere eingetragen, aber offiziell heiße ich seit meiner Rückkehr nach Deutschland im März 1966 Susanne Dimitroff-Erichsen. Ich empfinde dies als sinnfälligen Ausdruck meiner europäisch-amerikanischen Identität: Fräuleinwunder mit einem Schuss Wodka.

II Neue Karrieren und die ganz große Liebe

Die Stadt, in die ich 1966 aus New York zurückkehrte, hatte sich erneut sehr verändert. Seit fünf Jahren trennte die Mauer den Westen vom Osten und wie keine andere Metropole war Berlin zum Seismographen der Weltpolitik geworden. Die Westberliner hatten sich längst daran gewöhnt, in den Zeiten des Kalten Krieges immer wieder zum Faustpfand der Sowjetunion zu werden. Diese mitunter beängstigenden politischen Machtproben und Verwirrspiele hatten bei ihnen einen trotzigen Optimismus befördert, der auf viele andere wie ein Magnet wirkte.

Berlin war beliebt vor allem auch bei jungen Leuten, die Universitäten waren überfüllt. In Berlin war das Klima schärfer, klarer, neue Trends schneller spürbar. Gerade die Insellage machte die politischen Auseinandersetzungen so spannend. Mitte der sechziger Jahre wurde die erste Nachkriegsgeneration erwachsen. Ihre Ideale und Wertvorstellungen unterschieden sich radikal von denen ihrer Eltern und anders als Generationen vor ihnen sagten sie, was sie dachten, und sie taten, was sie wollten. Und sie wurden gehört, ihre Botschaften fielen auf fruchtbaren Boden. Nie zuvor hatte der Lebensstil einer Generation so stark alle Bereiche – von der Politik über die Musik bis hin zur

Mode – geprägt. Es war die Zeit der Demonstrationen und Protestaktionen. Die Stadt war unruhig. Überall war Aufbruch zu spüren.

Während draußen auf der Straße die Vorboten einer neuen Zeit ihre Meinung in zunächst noch friedlichen Straßenmärschen lautstark äußerten, saß ich in einer kleinen Wohnung in der Fasanenstraße, die mir ein alter Reiterfreund für den Übergang zur Verfügung gestellt hatte, und dachte gründlich über meine Zukunft nach. In der Modebranche hatte ich immer noch einen Namen, aber in meinen alten Beruf konnte ich nicht mehr zurück. Die Susanne Erichsen Teenagermoden GmbH war Anfang der sechziger Jahre bankrott gegangen. Und das bisschen Geld, was ich noch aus Amerika herübergerettet hatte, schmolz jeden Tag weiter dahin. Also musste ich wieder einmal von vorne anfangen.

Zunächst wollte ich eine Modelagentur nach amerikanischem Vorbild eröffnen. Kaum hatte ich die ersten Anträge gestellt, teilte mir allerdings die Bundesanstalt für Arbeit in Nürnberg unmissverständlich mit, sie allein und die Arbeitsämter seien die wahren Hüter und Vermittler der Arbeit und gedächten es auch zu bleiben. Ich bekam sogar eine strenge Verwarnung. Nach Absprache mit einem Anwalt wurde mir deutlich, dass ich keine Chance in einem Rechtsstreit hatte. So gab ich auf und hatte wiederum einige schlaflose Nächte, bis die nächste Idee geboren war: Wenn es schon keine Agentur sein durfte, dann wollte ich eben Mannequins ausbilden und eine Schule gründen. »Schuster bleib bei deinen Leisten!«, hatte meine Mutter immer gesagt. Ideen und Fachwissen hatte ich genug. Doch für eine Schule brauchte ich nicht nur ein Konzept, ich brauchte auch Räume, einen Laufsteg,

Schminktische und vieles mehr. Das bedeutete Investitionen in einer Größenordnung von vielen Tausend Mark, die ich einfach nicht aufbringen konnte. Ich musste daher jemanden finden, der mich unterstützte.

Nur wenige Monate zuvor war das eindrucksvolle, vierzehn Stockwerke hohe Europa Center eröffnet worden. Freunde rieten mir, mich an Karl-Heinz Pepper zu wenden, den Erbauer und Investor, den ich noch aus alten Berliner Tagen kannte. Er gab mir den Rat, mich mit der Berlin Fashion Group in Verbindung zu setzen, einem Konsortium von bedeutenden Berliner Konfektionsfirmen, die sich in »seinem Haus« zusammengeschlossen hatten, um den Export auszubauen. All diese Firmen hatten hier Verkaufs- und Vorführräume mit herrlichen Panoramafenstern, die einen Blick über die Stadt boten.

Über Peppers Vermittlung stellte ich den Mitgliedern der Fashion Group mein Projekt vor, das zugleich auch ein kleines Angebot beinhaltete. Ich hatte vor, abends nach Geschäftsschluss in den verwaisten Räumen meine Kurse abzuhalten und als Gegenleistung den Nachwuchs für die einzelnen Modefirmen auszubilden. Nach einigen Gesprächen bekam ich zwei herrlich große Räume unentgeltlich zur Verfügung gestellt. Für die Innenausstattung war ich allein zuständig. Ein Freund baute mir einen kleinen, mobilen Laufsteg. Eine lange Platte, ein paar Spiegel, viele Glühbirnen rechts und links und fertig waren die Schminktische. Jetzt musste ich nur noch das inhaltliche Konzept ausarbeiten. Ich kannte den Beruf des Mannequins zwar in all seinen Facetten, doch wie ich mein Wissen pädagogisch vermitteln sollte, war mir zunächst unklar. Wochenlang habe ich mich Tag für Tag mit einer Freundin zusammengesetzt, Bücher gelesen und einen

Lehrplan erarbeitet. Jede Unterrichtseinheit haben wir anschließend durchgespielt und nichts dem Zufall überlassen.

1967 war es endlich so weit. Ich eröffnete das »Studio Susanne Erichsen: Mannequin- und Fotomodelschule«, das ich von nun an zweiundzwanzig Jahre leitete. Mein guter Name und die Seriosität des Schulkonzepts sicherten mir schnell das Interesse vieler junger Menschen an dem spannenden Modeberuf.

Nachdem ich bereits wieder einige Monate gearbeitet hatte, kam eines Tages eine Mitarbeiterin der Berlin Fashion Group ganz aufgeregt zu mir. »Susanne«, stöhnte sie, »wir sind in großer Bedrängnis und Sie müssen uns einfach helfen.« Die Fashion Group war zu einer Konfektionspräsentation nach Tel Aviv geladen worden. Einzige Bedingung: Die Conférence musste in Englisch gehalten werden. »Sie sprechen doch Englisch und kennen alle Fachausdrücke! Als Miss Germany sind Sie sowieso die einzig wahre Repräsentantin!« Sie redete ununterbrochen auf mich ein, als wollte sie mich allein durch die Schnelligkeit ihres Redeflusses überzeugen. Ganz zum Schluss kam sie endlich auf das Wesentliche zu sprechen. »›Milchen‹ Suhrmann, der eigentlich den Conférencier machen sollte, ist schwer erkrankt, ganz plötzlich. Sie müssen uns einfach helfen! Übermorgen geht's schon los. Ach, und fast hätte ich's vergessen, die Kollektionen sind schon verzollt!«

Ich weiß nicht, welcher Teufel mich geritten hat, vielleicht aber reizte mich auch nur das scheinbar Unmögliche, jedenfalls sagte ich zu. Auf was hatte ich mich da eingelassen? Es handelte sich immerhin um eine der ersten offiziellen Präsentationen deutscher Mode nach dem Krieg in Israel. Man wollte ein elegantes gesellschaftliches Ereignis im internationalen Stil. Deutsch sollte auf keinen Fall gesprochen werden, obwohl viele der rund fünfhundert geladenen Gäste Deutsch sprachen.

Ich bin sofort zum »kranken« Emil Suhrmann gefahren, der mich zwar im Bett empfing, aber ansonsten einen recht munteren Eindruck machte. Zum Glück hatte er Listen der Modellstücke angefertigt und sie mit knappen Beschreibungen versehen, die sich etwa so anhörten: »Ein blaues Kostüm mit drei Knöpfen und Taschen.« Das konnte alles und nichts bedeuten. Die Conférence kann nur gelingen, schoss es mir durch den Kopf, wenn ich die Modelle sehe und anfasse. Während wir gemeinsam die Kollektionslisten durchgingen – es dauerte Stunden –, wurde es mir immer unheimlicher zumute. »Milchen« dagegen gesundete zusehends. Er hatte seinen Kopf aus der Schlinge gerettet.

Mit acht Mannequins, einigen Konfektionären und verschiedenen Begleitern saß ich zwei Tage später im Flugzeug nach Tel Aviv. Auf dem Schoß hatte ich meine Reiseschreibmaschine und versuchte, einen möglichst anschaulichen englischen Text zu verfassen, während sich die anderen amüsierten. Am Flughafen wurden wir von einem Vertreter der deutschen Botschaft, Alexander Graf York von Wartenberg, begrüßt. Er begleitete uns ins Hotel und unterstützte uns während unseres dortigen Aufenthalts, wo er nur konnte.

In der großen Empfangshalle des Hotels war es eigenartig still. Auch das Restaurant und die Bar waren menschenleer. In einem separaten Raum standen bereits die riesigen Schrankkoffer mit der Kollektion, die einige Tage vor uns eingetroffen waren und nun schleunigst ausgepackt werden mussten. Wir baten den Empfangschef um Unterstützung, ernteten allerdings nur ein mitleidiges Lächeln. Nicht mal ein Bügeleisen konnte er für uns auftreiben, denn es war Sabbat, was man bei der Planung in Berlin ganz offensichtlich übersehen hatte.

Schließlich fand sich doch noch eine gute Seele, die uns wenigstens ein Bügeleisen lieh. Den ganzen Samstag wurde jedes einzelne Stück geplättet, selbst noch sonntagvormittags während der Generalprobe. Am Montagabend sollte das große Ereignis starten.

Irgendwann im Verlauf des Samstags fiel den Organisatoren plötzlich auf, dass die Vorführung nur mit den acht deutschen Mannequins nicht zu schaffen war. Also ran ans Telefon und tatsächlich konnten wir, obwohl Wochenende war, einige israelische Mannequins auftreiben. Keine zwei Stunden später waren sie da. Ich war hingerissen von ihnen, von ihrer Schönheit und ihrem gelassenen, sicheren Auftreten. Diese jungen Frauen waren zum Teil direkt vom Armeedienst zu uns gekommen.

Als uns York von Wartenberg am Samstag im Hotel aufsuchte, muss ich ihm sehr Leid getan haben. Die Konfektionslisten in der Hand, durchstöberte ich ziemlich verzweifelt die überfüllten Kleiderständer, auf denen die einzelnen Modelle völlig ungeordnet hingen. Es war ein einziges Chaos und ich wurde immer nervöser. Zwei Nächte hatte ich Zeit, einsam in meinem Hotelzimmer an meinem Text weiterzufeilen.

Und dann war der große Tag endlich da. Der Ballsaal des Tel Aviv Hilton war bis auf den letzten Platz gefüllt. Bei dem Anblick krampfte sich mein Magen zusammen. Ein äußerst schwieriger Auftritt stand mir bevor. Auf israelischer Bühne hatte ich die deutsche Modeindustrie und

Berlin zu vertreten, ich war eine Art Botschafterin in einem Land, das uns Deutsche verständlicherweise nicht mit offenen Armen empfing. Als ich jedoch vor dem Mikrofon stand, besiegte meine Professionalität das Lampenfieber.

Trotz höflicher Distanz des Publikums kam meine kurze Einführung, die ich mit amerikanischem Akzent auf Englisch vortrug, bei den Zuschauern offensichtlich gut an. Sie applaudierten und die Show sollte beginnen. Doch der Laufsteg blieb verwaist. Um eine peinliche Pause erst gar nicht aufkommen zu lassen, plauderte ich und lächelte dabei bemüht charmant. Ich kam ziemlich ins Schwitzen unter all den Perlen und Pailletten meines kurzen Abendkleides. Als ich dann zum dritten Mal erklärte, was sich hinter dem Namen »Berlin Fashion Export Group« verbirgt, stutzte ich einen Moment und fragte verunsichert ins Publikum: »Oh, habe ich das Ihnen nicht schon erklärt?« Mit einer aufrichtigen Antwort hatte ich nicht gerechnet. Das kurze, ehrliche »Ja, das haben Sie!« brachte mich deshalb vollends aus der Fassung. »Nun bin ich komplett verloren!«, entfuhr es mir stöhnend, worauf mich eine Stimme auf Deutsch beruhigte: »Das gibt sich wieder!«, und das Publikum schallend lachte. Das Eis war gebrochen. Ab da lief nun alles wie am Schnürchen. Die Präsentation gefiel den Zuschauern. Als ich mich zum Schluss mit »Shalom«, »best wishes« und einem »Auf Wiedersehen in Berlin« verabschiedete, zwinkerte ich meinem Zurufer im Parterre noch einmal freundlich zu.

Erst beim anschließenden Empfang in der deutschen Botschaft ließ meine Anspannung langsam nach. Dr. Pauls, der Botschafter, beglückwünschte mich zu meinem Erfolg. Wie alle anderen hatte er meinen »Hänger« keineswegs als peinlich empfunden – im Gegenteil. Bei wunderschönem

Wetter fand auch am folgenden Abend eine Cocktailparty in der vornehmen Botschaftsvilla mit dem weitläufigen Garten statt. Mit einem Glas Wein in der Hand bewunderte ich entspannt die herrliche Aussicht und die eleganten Gäste. Mode und Schönheit waren doch ein gutes Medium der Verständigung.

Die Zusammenarbeit mit der Berlin Fashion Group entwickelte sich hervorragend. 1969 erweiterte ich die Schule, indem ich auch für junge Herren eine Ausbildung zum Dressman anbot. Und selbst, als die Zeichen der Zeit in eine ganz andere Richtung wiesen und sich in weiten Kreisen der bürgerlichen Gesellschaft Konsumverachtung und alternative Lebensformen breit machten, waren meine Kurse noch gut besucht. Allerdings wollten nicht mehr alle jungen Damen, die ich unterrichtete, den Beruf des Mannequins auch wirklich ergreifen, sondern einfach nur lernen, wie man sich richtig bewegt und schminkt. So hatte sich wie von selbst in jenen Jahren ein neues Geschäftsfeld aufgetan.

Als ich schließlich 1977 die Räume im Europa Center aufgeben musste, erwies sich diese Entwicklung als großer Vorteil. Nach kurzer Suche konnte ich die Geschäftsleitung des KaDeWe gewinnen, mir die zum Kaufhaus gehörenden Räume in der Ansbachstraße zur Verfügung zu stellen. Von nun an bot ich auch tagsüber Kurse an, in denen ich meine Kundinnen in die Kunst der Mode, des Schminkens und der Gesichtspflege einwies. Die verwendeten Produktlinien kamen aus dem KaDeWe und konnten nach Beendigung der Sitzung dort erworben werden. Eine lohnende Zusammenarbeit, die ein ganzes Jahrzehnt andauern sollte.

Auch in privater Hinsicht war das Jahr 1977 ganz entscheidend in meinem Leben, denn ich lernte Heinz-Oskar Wuttig kennen und lieben. Wir sind uns zufällig begegnet und haben uns sofort gefunden. Rund sieben Jahre waren wir füreinander da, 2435 Tage, die ich sehr bewusst genossen habe. Es war eine reiche, erfüllte Zeit an der Seite dieses Mannes, der mich »weitergebildet« hat und mich lehrte, das Leben auch mit seinen Augen zu sehen.

Heinz-Oskar Wuttig zählte damals längst zu den bekanntesten Drehbuchautoren der Bundesrepublik. Er war Ur-Berliner und hier 1907 als Sohn eines Bankbeamten zur Welt gekommen. Nach dem Abitur studierte er Germanistik und Kunstgeschichte. Er wollte Journalist werden, doch leben konnte er davon nicht. So musste er neben seiner journalistischen Tätigkeit immer wieder Hilfsarbeiten annehmen, als Kellner, Buchhändler, Nachtwächter, Maurer und eine kurze Zeit sogar als Hilfspolizist. Dann kam der Krieg. Erst 1950 kehrte er nach fünfjähriger Kriegsgefangenschaft aus Russland nach Berlin zurück. Von nun an konzentrierte er sich ausschließlich auf seine Arbeit als Schriftsteller. Zahlreiche Romane, Essays, Bühnenstücke und Drehbücher für über 25 Kinofilme entstanden in den nächsten Jahren. Die Filme »Dr. Mabuse«, »Bis dass das Geld euch scheidet« und »Die Frühreifen«, zu denen er die Drehbücher geschrieben hat, waren besonders erfolgreich. Wuttig recherchierte akribisch das jeweilige Milieu, um das sich seine Geschichten rankten. Seine Texte und Figuren zeichneten sich durch große Lebendigkeit und Authentizität aus. Anfang der sechziger Jahre meldete sich das Fernsehen. Mit Serien wie »Forellenhof«, »MS Franziska« oder »Die drei Damen vom Grill« schrieb er sich in das Bewusstsein eines großen Publikums und einer Zeit.

Von alldem wusste ich allerdings nichts, als wir uns am Schultheiss-Stammtisch im März 1977 gegenübersaßen. »Berliner Abendrunde« nannte sich dieses Treffen im Schultheiss-Bräuhaus am Kurfürstendamm, das an jedem ersten Freitag eines Monats stattfand und zu dem Politiker, Künstler, Sportler, Journalisten und Vertreter der Wirtschaft geladen wurden. Die Prominenten saßen alle an dem riesigen Stammtisch, der einen Durchmesser von über drei Metern hatte. Der ältere Herr mir gegenüber fiel mir sofort auf, weil er mich immer wieder anlächelte.

Es ging ziemlich hoch her an diesem Abend. Es wurden Reden gehalten, es wurde gesungen und getanzt. Dazu floss Bier und Schnaps in Strömen. Als die Gäste nach und nach aufbrachen und sich der Tisch allmählich leerte, saß der nette Herr immer noch an seinem Platz und war in ein Gespräch vertieft. Sein Lächeln hatte mich so beeindruckt, dass ich irgendwann aufgestanden bin und mich einfach zu ihm gesetzt habe. Seine Stimme war genauso ansprechend wie seine Art zu erzählen. Aus anfänglichem Geplänkel wurde schnell ein intensives Gespräch, das sich um unsere Erfahrungen als Kriegsgefangene in Russland drehte. »Sie etwa auch?« Er konnte es kaum glauben. Wie zwei alte Kriegsveteranen haben wir uns sofort geduzt, tief in unseren Erinnerungen gewühlt und dabei Wodka mit Kirschlikör gekippt. Am nächsten Morgen klingelte mein Telefon. »Hier ist Wuttig«, meldete sich eine vertraute Stimme. »Ich wollte Ihnen nur sagen, ich habe mich in Sie verliebt.« Mir fiel fast der Hörer aus der Hand. »Ich möchte Sie gerne wiedersehen.«

Es war ein wunderschöner Vorfrühlingstag. Die Sonne wärmte unsere leicht verkaterten Köpfe, als wir stundenlang durch den Grunewald liefen und redeten. Wuttig war verheiratet mit Marliese Ludwig, der bekannten Theater-pädagogin. Und er blieb es bis zu ihrem Tod im Jahr 1982, als sie im Alter von 96 Jahren starb. Marliese Ludwig war zwanzig Jahre älter als er und bereits dreimal verheiratet, bevor sie Ossi traf. Ossi war immer auch eine Art Sohn für sie, ihr Bübchen, wie sie ihn nannte. Aber Bübchen war immerhin schon siebzig Jahre alt, als wir aufeinander trafen. Obwohl er große Rücksicht auf sie nahm, blieb es ihr nicht lange verborgen, dass er sich für mich engagierte.

Heinz-Oskar Wuttig und seine Frau Marliese lebten in einer sehr schönen großen Wohnung in Wilmersdorf im vierten Stock, ohne Fahrstuhl. Eines Tages wurde ich dort zum Tee eingeladen mit einer ganzen Reihe von anderen Bekannten. Hans und Traudel Söhnker waren da, Hans Rosenthal und einige befreundete Autoren. Marliese thronte in einem Sessel und hielt Hof. Ossi bediente uns gemeinsam mit der alten Anna, der Haushälterin. Sie war kaum jünger als Marliese und ähnlich resolut wie ihre Chefin. Beide hatten den hoch angesehenen Autor und gestandenen Mann fest im Griff.

Irgendwann wandte sich Marliese mir zu und warf mir mit auffallend tiefer Stimme vor: »Sie haben sich in eine Ehe eingemischt!« Erstaunt, aber einigermaßen schlagfertig entgegnete ich: »Liebe gnädige Frau, ich habe mich in keine Ehe eingemischt, nicht in Ihre und in keine andere. Wir sollten Heinz-Oskar fragen, was er will, und ihm darin folgen, was er tut.« Sie sagte nichts mehr. Noch am gleichen Abend nahm sie ihr Bübchen beiseite. »Heinz-Oskar, stell dir vor, da sagt die zu mir, wir sollen es dir überlassen, was du willst. Als wenn du wüsstest, was dir gut tut!« Glücklicherweise wusste er es.

Er respektierte Marliese zutiefst und tat alles, um sie

nicht zu verletzen. Und gleichzeitig verbrachte er auch viel Zeit mit mir. Während ich durch Ossi ernsthafter und ein wenig überlegter wurde, entwickelte er durch mich zunehmend mehr Spontaneität und Unternehmungslust. »Weißt du«, sagte er eines Tages zu mir, »wir haben hier den schönen Wannsee und die Havel, wollen wir uns nicht ein Boot kaufen und segeln?« Edgar, ein gemeinsamer Freund und erfahrener Segler, brachte uns das Segeln bei und schon bald waren wir stolze Besitzer eines Kajütbootes mit Außenbordmotor. Es lag in einem kleinen Jachthafen am Stössensee, einem Seitenarm der Havel.

Wir tauften das Boot auf den Namen Suse. Zu unseren Törns luden wir oft Freunde ein, manchmal waren wir zu dritt oder zu viert und Ossi genoss es sehr. Immer begleitete uns unser Hund, zuerst ein Afghane, der überhaupt nicht gern an Bord war und sich immer nach unten in die Kajüte auf die Polster verzog, und später unser Corgi Candy. Auch Candy fühlte sich auf dem Wasser nicht besonders wohl. Aber er legte sich in die Sonne und wartete geduldig darauf, wieder an Land zu kommen. Leider konnte sich Ossi nur selten für längere Zeit von seinem Schreibtisch trennen, er war wie besessen vom Schreiben. Trotzdem war und blieb das Segeln eines seiner größten Vergnügen.

Ossi motivierte mich immer wieder, eigene, neue Dinge zu tun. So brachte er mich dazu, alleine nach Indien und Argentinien zu fahren. Beide Reisen waren auf ihre Art exotisch, ereignisreich und wunderschön, aber auch ein wenig einsam. Längst hatte ich mich daran gewöhnt, meine Erlebnisse mit ihm zu teilen.

Der Ort, den Ossi neben Berlin wohl am meisten geliebt hat, war Baden-Baden. Dort verbrachte er regelmäßig mehrere Wochen des Jahres. In einem kleinen Hotel im Rebland mietete er sich ein Zimmer und schrieb. Viele seiner Fernsehserien, allen voran »Der Forellenhof«, sind hier entstanden. Solange seine Frau noch kräftig genug war, begleitete sie ihn. Nach ihrem Tod sind wir gemeinsam dorthin gefahren. Mit ihm habe ich seine Stadt und das Umland neu erlebt, denn Baden-Baden hatte ja auch in meinem früheren Leben als Model eine wesentliche Rolle gespielt. In München besaß Ossi eine hübsche Altbauwohnung an der Theresienwiese. Nach 1982 unternahmen wir von dort aus viele Reisen an die Seen und in die Alpen.

Anfang der achtziger Jahre beendete Ossi seine Arbeit an der Serie »Die drei Damen vom Grill« – von den insgesamt rund hundertfünfzig Folgen hatte er gut die Hälfte geschrieben – und wandte sich einem neuen Thema zu: der Geschichte der ersten Eisenbahn. Das Drehbuch »Der Glücksritter« gefiel und wurde als Fernsehfilm gedreht. Die Premiere fand im Winter 1983 beim Südwestfunk in Baden-Baden statt. Kurz zuvor hatte Ossi einen Herzanfall erlitten und war ins Krankenhaus gekommen. Die Ärzte hatten ihm jede Anstrengung untersagt, trotzdem wollte er unbedingt mit mir nach Baden-Baden. Ich tat mein Bestes, um ihn umzustimmen, aber ich spürte schnell, wie wichtig ihm dieses Ereignis war. Ich konsultierte noch einmal den Kardiologen, der mir sehr ins Gewissen redete: keine Aufregung, keine Premierenfeier, kein Alkohol, keine Zigaretten, lautete sein Rat. Wir flogen nach Stuttgart und wurden mit dem Auto nach Baden-Baden gebracht. Unser Hotel befand sich auf dem Gelände des Südwestfunks. So gab es keine langen Wege und Ossi konnte sich schonen. Die Premiere fand vor Fachpublikum und Presse statt. Auch wenn es keine rauschende Premierenfeier gab, Ossi war überglücklich. Er konnte deutlich spüren, wie viel Anerkennung er bei Funk und Fernsehen errungen hatte. Viele seiner alten Freunde, Schauspieler, Regisseure und Kollegen aus der schreibenden Zunft waren erschienen und hatten ihm ihre Reverenz erwiesen. Ob es tatsächlich gut gewesen war, diese Strapazen in seinem angeschlagenen Zustand auf sich zu nehmen, bezweifle ich heute.

Weihnachten und Silvester haben wir dann gemeinsam in meiner Wohnung im Grunewald gefeiert. Da ging es ihm schon nicht mehr so gut. Immer wieder hatte er kleine Herzanfälle, so dass er Ende Januar erneut zur Beobachtung in die Klinik musste. Er wurde bald wieder entlassen, doch die Ärzte machten mir wenig Hoffnung. Sein Herz war müde geworden, daran konnte auch ich nichts ändern.

Obwohl er körperlich immer schwächer wurde, blieb sein Wille stark. Er wollte unbedingt in seine eigene Wohnung zurück, die nicht weit entfernt von meiner lag. »Einen kranken Baum verpflanzt man nicht!« – mit diesem Motto wischte er all meine Einwände vom Tisch. Wenn ich meine Kurse abhielt, blieb Candy bei ihm. Nachts aber wollte er immer allein sein.

An einem Sonnabend Anfang März 1984 saßen wir nach einem gemütlichen Essen noch lange beisammen, bevor ich für die Nacht in meine eigene Wohnung fuhr. Gegen sechs Uhr früh klingelte mein Telefon. Zunächst erkannte ich Ossi kaum. Seine Stimme klang zwar ruhig, aber völlig verändert, ganz leise und gebrochen. »Komm, komm ganz schnell!«, konnte er nur noch flüstern. Ich warf den Wintermantel über mein Nachthemd, schlüpfte mit nackten Beinen in die Stiefel und stürzte aus dem

Haus. Als ich in seine Wohnung kam, saß er in einem Sessel und konnte kaum noch sprechen.

Der Krankenwagen kam sehr schnell und der junge Notarzt verschwieg nicht, wie ernst es um ihn stand. Ossi hatte schon so viele Anfälle überlebt, er musste es auch dieses Mal schaffen. Auf dem Gang vor der Intensivstation betete ich inständig, er möge mir erhalten bleiben. Nach einer für mich endlos langen Zeit durfte ich zu ihm. Ganz wächsern und zerbrechlich lag er zwischen den flimmernden und piependen Geräten. Man hatte ihm eine Sauerstoffmaske aufgesetzt. Als ich ihn sah, wusste ich, dass es keine Hoffnung mehr gab. Ich musste ihn gehen lassen, auch wenn ich mich noch so sehr dagegen sträubte. Die nächsten Stunden waren wohl die schwersten in meinem Leben. Immer noch im Nachthemd habe ich an seinem Bett gesessen, seine Hand gehalten und erzählt, vom Frühling, den wir beide so liebten, und von den Dingen, die wir nach seiner Genesung unternehmen würden. Plötzlich drückte er meine Hand und flüsterte kaum hörbar: »Du bist wunderbar, ich liebe dich.« Es hat mich unglaubliche Kraft gekostet, nicht loszuweinen. Ich lächelte ihn an und versicherte ihn meiner Liebe.

Kurz danach musste ich das Zimmer verlassen. Ich brach in Tränen aus. Dann öffnete sich die Tür, der Chefarzt trat heraus und schüttelte müde mit dem Kopf. Es war zu Ende. Um Abschied zu nehmen, hat man mich noch einmal zu ihm gelassen. Ich streichelte über das geliebte Gesicht und konnte es nicht fassen, wie schnell alles gegangen war.

Wie in Trance habe ich die nächsten Tage durchlebt. Eine enge Freundin half mir, die Beerdigung vorzubereiten. Im

Krematorium in Wilmersdorf fand die Trauerfeier statt. Viele Freunde und Bekannte drängten sich in dem kleinen Raum. Der Sarg versank in einem Blumenmeer. Von den Reden und Rezitationen der Schauspieler habe ich nur wenig mitbekommen. In mir war nichts als Leere. Ich fühlte mich wie amputiert. Mit Ossi war mir das Wichtigste in meinem Leben genommen worden.

Die ersten Monate nach dem Tod von Heinz-Oskar Wuttig habe ich nur von einem Tag zum nächsten gelebt. Ich verwaltete seinen Nachlass, ich gab meine Kurse, ich aß und trank und egal, was ich tat, es geschah mechanisch, es geschah, weil ich es tun musste. Anfangs habe ich mir täglich unsere Fotoalben angesehen, Ossis Briefe gelesen und in Erinnerungen gewühlt. Doch allmählich wurde auch diese Sehnsucht schwächer. Ich zog mich in mich selbst zurück wie ein Krebs in sein Gehäuse.

Die alte Susanne gab es nicht mehr. Das Leben zu genießen, musste ich erst wieder lernen. Freunde haben mir dabei geholfen, haben mich aus meiner Dunkelheit herausgeholt. Irgendwann war ich soweit, dass ich wieder Freude an den kleinen Dingen des Lebens haben konnte, am Sonnenschein, an einem guten Essen, am Zusammensein mit anderen. Nicht zuletzt war es Candy, der mich brauchte und meine Aufmerksamkeit einforderte.

1986 konnte ich das zwanzigjährige Bestehen des Studios Susanne Erichsen feiern. Längst hatte ich mein Kursangebot nochmals erweitert und die Nachfrage bestätigte den Entschluss. Ich gab jetzt auch Seminare zu gesellschaftlichen Umgangsformen, zu Persönlichkeitstraining und Körpersprache. Gerade bei Geschäftsleuten fanden sie großen Anklang.

Als ich mich Mitte der neunziger Jahre aus dem Berufsleben zurückzog, bin ich Berlin und meiner schönen Wohnung in Grunewald treu geblieben. Das Leben eines Privatiers war nicht leicht zu lernen. Beinahe vierzig Jahre hatte ich für und mit der Mode gelebt. Vierzig Jahre, die in meiner Seele und auf meinem Gesicht ihre Spuren hinterlassen haben. Das Älterwerden, die Falten und zunehmende Zipperlein waren nicht das größte Problem. Schönheit ist für mich nicht eine Sache der Haut und des glatten Profils. Schönheit kommt von innen, ist Ausstrahlung. Und was die körperlichen Schwierigkeiten anbelangt, so hat mich der Beruf genügend Disziplin gelehrt, um mich damit arrangieren zu können. Was mir allerdings manchmal fehlte, war der Trubel, der in meiner aktiven Zeit mein Leben geprägt hat. Auf einmal hatte ich genug Zeit, ganze Tage und Wochen. Nur mühsam lernte ich eine eigene, selbstbestimmte Lebensroutine zu entfalten und mich nicht einfach treiben zu lassen. Ich spiele inzwischen Golf, unternehme lange Spaziergänge mit meinem Hund, pflege meine Freundschaften und genieße mein Leben, das ich seit Ossis Tod allein führen muss.

Im Jahr 2000 allerdings hat mich meine Vergangenheit noch einmal eingeholt. Mein Erfolg als erste Miss Germany jährte sich zum fünfzigsten Mal. Auf einmal war ich wieder im Gespräch. Die Medien interessierten sich für meine Geschichte. Ich wurde ins Fernsehen eingeladen, Journalisten wollten Interviewtermine und ich war wieder mittendrin in der Modewelt. Dieses neu erwachte Interesse an meiner Person hat mir natürlich auch geschmeichelt. Es ist ein gutes Gefühl, die Früchte der eigenen Arbeit zu genießen.

Ein Geschenk allerdings hat mich besonders berührt.

Mein Freund, der Berliner Modeschöpfer Klaus Kiesewetter, schenkte mir eine eigene Modenschau zum goldenen Jubiläum. Noch ein letztes Mal sollte ich auf den Laufsteg und exquisite Abendmode präsentieren. Zunächst habe ich mich dagegen gesträubt. Ich fand mich zu alt und körperlich auch nicht fit genug, die Anstrengungen zu überstehen. Aber dann packte mich doch der Ehrgeiz, es – wie so oft – allen zu zeigen. Ich wollte wieder ins Rampenlicht. Wie ein halbes Jahrhundert zuvor bin ich wieder Woche für Woche zu den Anproben gefahren, habe trainiert und mich gepflegt. Ende November war die Premiere in Kiesewetters Modesalon, der bis auf den letzten Platz besetzt war. Mit dem überwältigenden Echo hatte ich nicht gerechnet. Noch einmal fühlte ich das altvertraute Kribbeln in der Magengrube. Die Musik, zu der ich präsentierte, war liebevoll ausgesucht. Während der Umziehpausen erzählte Klaus Kiesewetter aus meinem Leben.

Der Abend war mit Geschmack und Gespür für dramatische Wirkung zusammengestellt. Ich habe diese Ehrung besonders genossen. Noch einmal habe ich zeigen dürfen, wie Schönheit und Mode begeistern können – selbst wenn man darüber alt geworden ist. Es war mir vergönnt, an meine beruflichen Anfänge zurückzukehren. Der Kreis hat sich geschlossen.

Nachwort

Susanne Erichsen starb am 13. Januar 2002 in ihrer Heimatstadt Berlin an den Folgen eines Schlaganfalls. Ein knappes Jahr zuvor hatte sie noch einmal auf den Brettern gestanden, die ihr die Welt bedeuteten, dem Laufsteg. In dieser letzten Modenschau hatte sie mit Charme und Ausstrahlung ihr Publikum für die große Zeit der Haute Couture begeistert, eine Zeit, die ihre Lebendigkeit und Begeisterung überall in der Welt behalten hat. Auch im Alter hatte sich Susanne Erichsen Schönheit und Können bewahrt und in ihrem Auftritt die junge Frau sichtbar werden lassen, die in der Nachkriegszeit zur »Botschafterin der Mode« und zum Inbegriff des deutschen »Fräuleinwunders« wurde. Wie kaum eine andere Frau der Mode und Eleganz hat sie sich mit ihrem Wirken einen wichtigen Platz in der Geschichte der jungen Bundesrepublik erobert.

Sie hat gern und zufrieden auf diese großen Jahre zurückgeblickt und wollte ihre Erinnerungen und Eindrücke in einer Autobiografie der Öffentlichkeit zugänglich machen. Mehrere Monate haben wir uns deshalb regelmäßig getroffen, in langen, intensiven Gesprächen die Vergangenheit wiedererstehen lassen und über die Gegenwart gesprochen. Und so entstand aus einem bunten, spannenden, mitunter traurigen Kaleidoskop von einzelnen Geschichten der Rohentwurf für dieses Buch, das Susanne Erichsen mit vielen eigenen Texten bereichert hat. Aber dann wurde sie durch ihre Krankheit mitten aus diesem Arbeitsprozess herausgerissen. Nach ihrem Tod stellte sich mir die Frage, inwieweit ich berechtigt wäre, ihre Erinnerungen auch ohne sie weiterzuführen. Doch die Fülle des gesammelten Materials war überzeugend genug. Ihr dokumentarischer Nachlass, die vielen lebendigen Interviews und Susanne Erichsens eigene Texte waren eine ausreichende Legitimation, die Autobiografie in der vorliegenden Form zu vollenden.

Die Zusammenarbeit mit dieser großen, alten Dame der Mode habe ich genossen. In ihrer unnachahmlichen Berliner Art hatte Susanne Erichsen stets eine vorsichtige ironische Distanz zu ihrer eigenen dramatischen und wechselvollen Geschichte. Ihre Lebenshaltung und Ausstrahlung haben überall bei meinen Recherchen respektvolle Erinnerung und Bewunderung sichtbar werden lassen. Es war mir eine Ehre, ihre Erinnerungen in ihrem Sinne zu Ende bringen zu können.

Frühjahr 2003
Dorothée Hansen

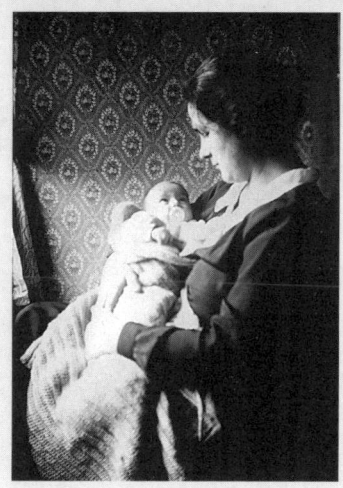

In den Armen ihrer Mutter,
März 1926

Mit ihrer Mutter, um 1932

Im Alter von neun Jahren

Die dreijährige Susanne (rechts) mit
Spielkamerad

Ihr Vater, 1925

Ihr Stiefvater Fritz Lenz, 1934

In München, 1949

Nach ihrer Rückkehr aus der russischen Gefangenschaft

Überfahrt Berlin – New York mit dem Schiff 1. Klasse, 195.

Die frisch gekürte Miss Germany, Baden-Baden, 1950

Vor dem Abflug nach New York als »Botschafterin der Mode«, 1952.
Neben ihr Modekünstler Hans Gehringer, 2. v. rechts Krafft von Horn

DEUTSCHE
JLLUSTRIERTE

STUTTGART, 4. SEPTEMBER 1954 · NR. 36 · PRE

Paris mit Pfiff

**Susanne Erichsen zeigt neue
Herbst- und Wintermodelle**
s. Seite 8/9

Gastgeberin

Das Schiff der König

● Der große Soltikow-Roman: <u>Eine</u> Frau genügt nic

● Österreicher werden in Lindau für die Fremdenlegion eingekl

SIZE   10

HEIGHT   5'8" s.f.

BUST   33

WAIST   22

HIPS   34

HAIR   Brunette

EYES   Lt. Brown

HAT   22

GLOVE   6 1/2

SHOE   7 1/2A

with *Frances Gill Model Agency*

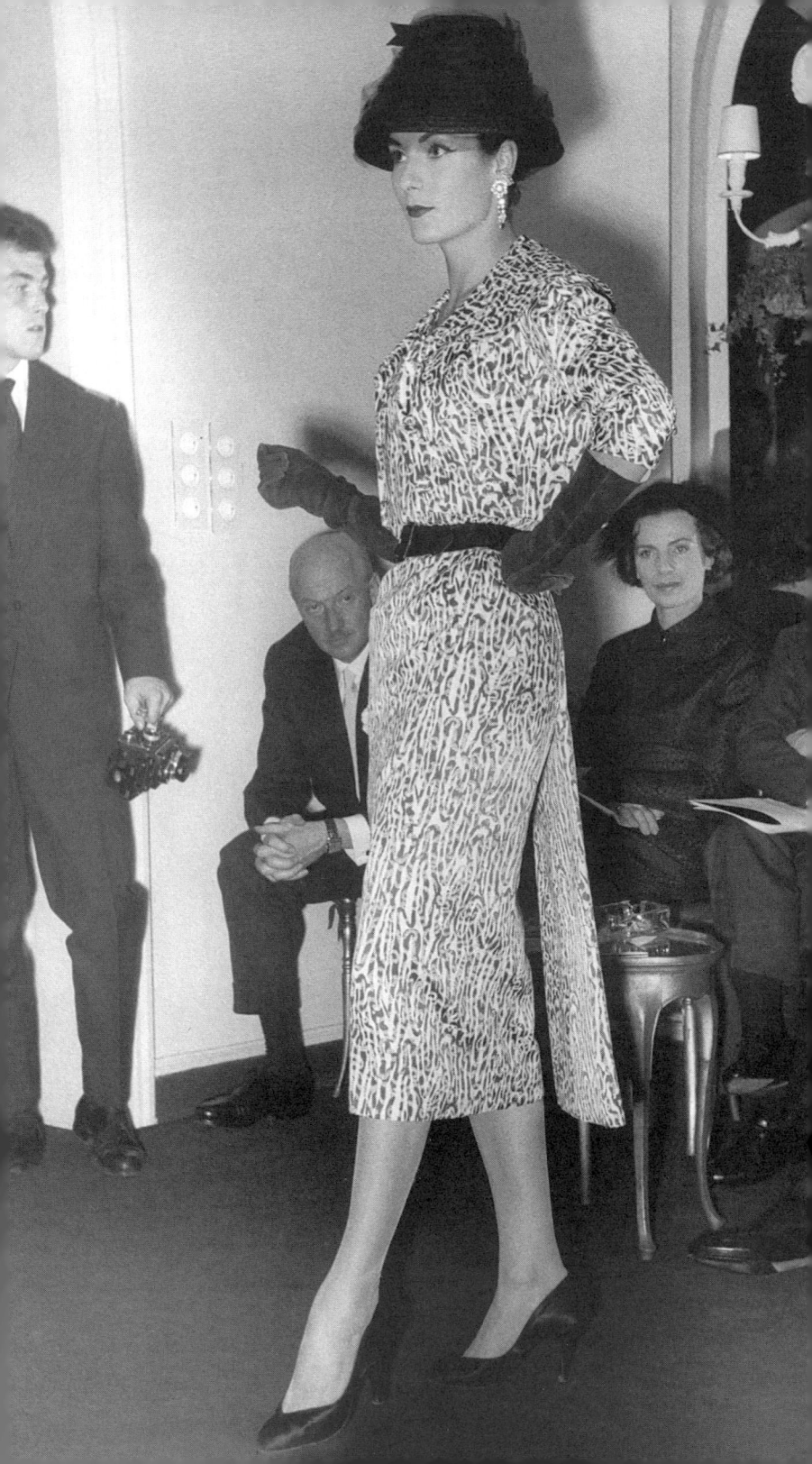

*Auf ihrem Pferd
Penthalon*

*Abb. rechts: Bei einer
Wohltätigkeitsgala im
Circus Th. Renz, 1961*

*Unterwegs zum Reiten mit
den beiden Afghanen Bibi
und Assi,
Anfang der 1950er Jahre*

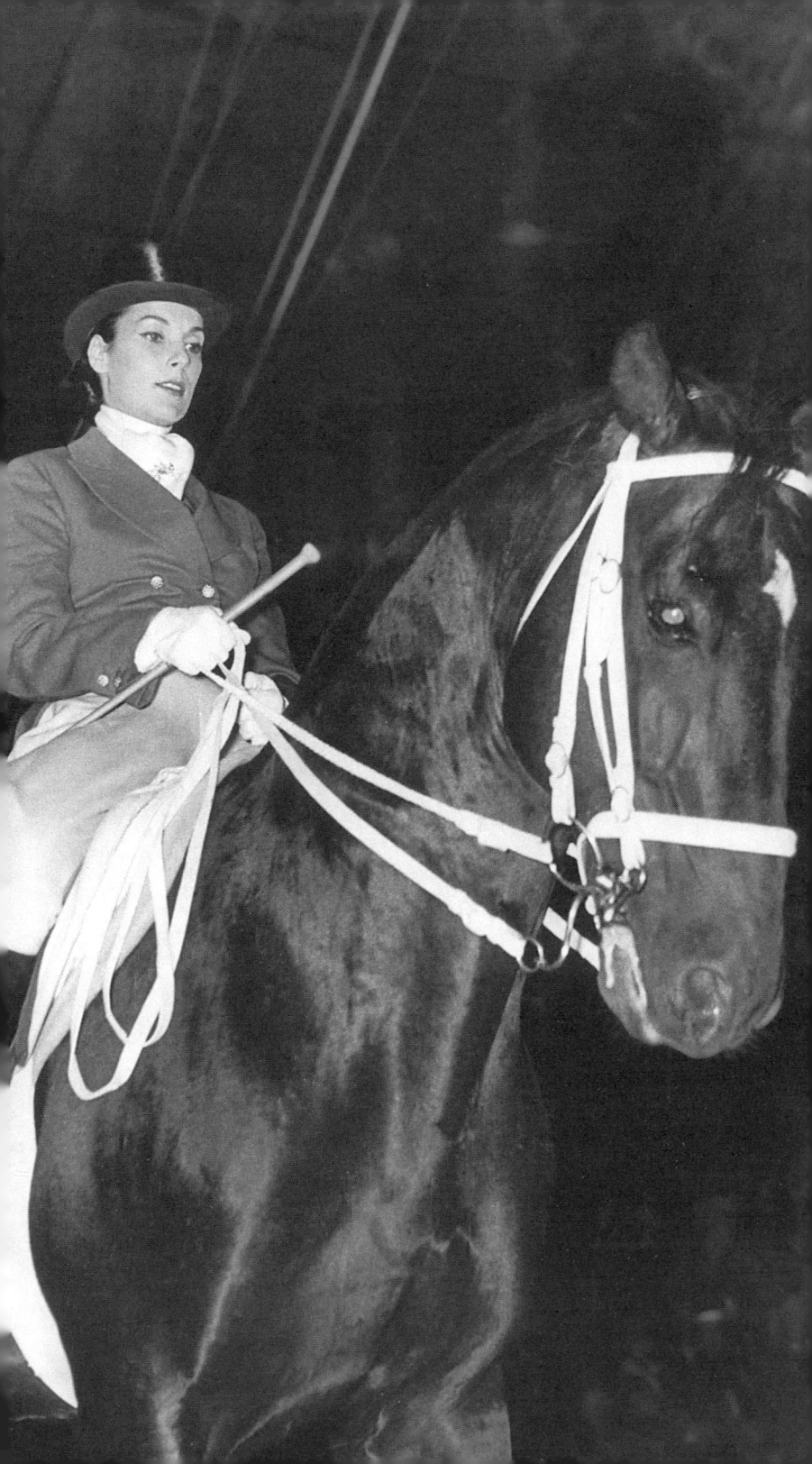

Als Leiterin des »Studio Susanne Erichsen – Mannequin- und Fotomodellschule«
mit ihren Mannequins, Ende der 1960er Jahre. Fotografie: (oben) Lothar
Winkler, (unten) Ludwig Binder, (rechts) Bernd Thiele

Manikür-Unterricht im Europa Center, Anfang der 1970er Jahre (oben); Pelz-Modenschau im eigenen Studio, 1976 (unten); Ausbildung zum Dressman, Ende der 1960er Jahre (rechts, Fotografie: Bernd Thiele)

Schminkkurse im KaDeWe in Berlin, Ende der 1970er Jahre,
Fotografie: Ludwig Binder

Die letzte Modenschau in Klaus Kiesewetters Modesalon, Berlin,
im November 2000, Fotografie: Rich Richter

Mit ihrer großen Liebe, dem Drehbuchautor Heinz-Oskar Wuttig

Zu den ganzseitigen Modefotos

Porträt, Anfang der 1950er Jahre
Fotograf unbekannt

Trägerloser Badeanzug, um 1954
Modell unbekannt
unbekannter Fotograf in USA

Porträt, um 1955
unbekannter Fotograf in USA

Tailliertes Kostüm aus dunkler Shangtungseide, um 1954
Modell unbekannt
Fotografie Norbert Leonard

Kastanienfarbenes Tuchkleid mit Nerzbesatz
Modell Gehringer & Glupp, Berlin
Hut Hertha Mecklenburg, Berlin
Fotografie F. C. Gundlach
Für *Film und Frau*, Modeheft, 1954/55

Susanne Erichsen in New York, 1961
Fotografie Lothar Winkler

Porträt, um 1960
Fotograf unbekannt

Tailliertes Kamelhaar-Kostüm
mit dunklem Pelzbesatz
Modell Gehringer & Glupp, Berlin
Fotografie F. C. Gundlach, ca. 1954
Für *Film und Frau*, Modeheft, 1954/55

Hut mit Maiglöckchen-Verzierung,
um 1953
Modell Madame Berthe, Berlin
Fotografie Charlott Serda

Heinz Rühmann, Susanne Erichsen,
Hans Gehringer und Georgette Gütlich
nach einer Modenschau im Salon Gehringer & Glupp,
um 1952
Fotografie Georg Ebert

Porträt in Paris
Fotografie F. C. Gundlach
für *Deutsche Illustrierte*, 1954

Cover der *Deutschen Illustrierte*, September 1954
Porträt in Paris
Fotografie F. C. Gundlach

Setkarte von Susanne Erichsen
bei der New Yorker Modelagentur Frances Gill

**Susanne Erichsen – im schwarzen Abendkleid
mit floralem Muster** (*Modell* Gehringer & Glupp) –
und Hans Gehringer schauen zum ersten Mal fern,
um 1953.
Fotograf unbekannt

Wollkostüm, um 1956/57
Modell Gehringer & Glupp, Berlin
Fotograf unbekannt

Modeschau im Haus Gehringer & Glupp, 1956
Fotografie Georg Ebert

Cocktailkleid, um 1959
Modell unbekannt
Fotograf unbekannt

Strandanzug, um 1958
unbekanntes *Modell* aus USA
Fotograf unbekannt

Im Central Park
in New York City, um 1955
Fotograf unbekannt

Porträt in Paris
Fotografie F. C. Grundlach
Für *Deutsche Illustrierte*, 1954

Bildnachweis

Die Reproduktionsvorlagen wurden uns freundlicherweise von den Besitzern zur Verfügung gestellt.

Inhalt